おひとり京都の愉しみ

柏井壽

光文社新書

目次

まえがき——おひとり京都の愉しみ

京都をひとりで旅する。

そう聞いて誰も（除く平成生まれ）が思い浮かべるのはきっと「京都大原三千院……」の歌い出しで知られる流行《はや》り歌だろう。

恋に疲れた女性が寂しさを紛らわせる京都ひとり旅。むろん、そんな旅があってもいいが、「おひとり京都」はもっと前向きで愉《たの》しい旅を目指したい。

敷居が高い。一見《いちげん》さんお断り。とかくとっつきにくいイメージで語られることの多い京都だが、それは表向きの顔。実はもっと親しみやすく、誰にでも門戸を広げる街なのである。

そしてそれを実感できるのが「おひとり京都」なのだ。なぜなら真の京都人は、「おひとり」にやさしいからである。

多く都人は他に干渉しすぎることを慮《おもんぱか》り、それ故グループや二人客にはあまり関わらないように心がけている。

たとえば、路線バスで都人と旅人が隣り合ったとしよう。そのとき旅人に連れ合いがいると分かれば、話しかけたりはしない。だが「おひとり」だと気づけば、きっと声をかけてくるだろう。

「どこから来はったん？」

そう問われれば素直に答えればいい。きっと間髪を入れずに都人はこう続けるに違いない。

「これからどこ行かはるの？」

たとえば、「紅葉を見たいのですが」と答えたとする。

「そうやったんかいな。それやったらな、ええとこあるんえ。教えたげる。ようぉ聞きや。あのな……」

果たしてこんなところに紅葉の名所があるのだろうか、きっとそんな隠れた名所を教えてくれることだろう。

これこそが「おひとり京都」の醍醐味である。むろん、それは路線バスに限ったことではなく、歩いていたとしても、カフェやレストランでも同じこと。「おひとり」だと分かればやさしく声をかけてくれる。

そしてもうひとつ。「おひとり」をおすすめするのは、京都という街が「気づく」ところだからだ。「あー、そうだったんだ」と。

旅に連れ合いがいると、風景や空気に集中するのが難しい。つい語り合ったりして、お互いの考えに耳を傾けたり、あらかじめ得てきた知識の披瀝《ひれき》になってしまう。

寺でも神社でもお庭でもいい。心を無にしてそれらと対峙《たいじ》したとき、ひとりなら、ふとした瞬間に「なるほど、そういうことなのか」と「気づく」のである。

「おひとり京都」、それはきっと新たな発見と感慨の連続になるだろう。ひとりなら心煩わせることなく気軽に出掛けられる。今すぐにでも。さぁ京都に行こう。

第一章　京都ひとり歩き

京都に限らず、その街を知るための一番の早道は「歩く」ということである。歩けば街がくっきりと浮かび上がってくる。点ではなく線、あるいは面で街を見られるからだ。

路線バスや地下鉄で名所を巡ったとしよう。

たとえば紅葉の頃。東山『東福寺』、『清水寺』、『南禅寺』、『永観堂』そして『法然院《ほうねんいん》』。いずれ劣らぬ京都屈指の紅葉の名所を公共交通機関で回るとなると、JR奈良線と路線バスを乗り継ぐ方法が一般的である。だが、乗ったり降りたりを繰り返し、その都度料金も払わねばならない。コストについては一日乗車券などを買えばある程度はクリアできるとしても、問題はその混《こ》み具合だ。

京都という街は公共交通機関の選択肢が少ない上に、道も狭く、観光シーズンともなると混雑必至である。電車は押し合いへし合い、バスは遅々として進まず。イライラが募るばかり、という声を聞いたのは一度や二度ではない。

同じルートを歩いてみたとする。まずは京都駅からJR奈良線に乗り、「東福寺」駅までひと駅、わずか二分ばかり。そこをスタート地点として、徒歩で辿《たど》ると、距離はおよそ七キロ。歩幅八〇センチとすれば、歩数にして約九〇〇〇歩ということになる。直線距離ではなく、寄り道を繰り返したなら、それはきっと、メタボ解消、健康増進の指標となる一日一万歩に匹敵するだろう。

渋滞もなければ、人波に押されることもない。交通費も最小限。その上健康にもいいと、良いことずくめだ。さらには電車やバスだと素通りしてしまう、名所と名所の間にひっそりと佇《たたず》む隠れ名所に出会うこともできる。

たとえば『東福寺』から『清水寺』へ向かおうとして東大路通、泉涌寺《せんにゆうじ》道辺りに差し掛かったら、ぜひとも訪ねてみたいのが『今熊野《いまくまの》商店街』。地名からの連想なのか、可愛いクマのキャラクターに迎えられて地元民御用達の店を覗《のぞ》けば、京都の素顔が見えてくる。『京屋』のコロッケ、『青山豆十本舗』の豆菓子、『梅香堂』のホットケーキやチョコレートパフェなど、ガイドブックには滅多に登場することのない、地元グルメが目白押しなのだ。のみならず、京都でも有数の鱧《はも》弁当で知られる『魚市』といった名店もある。

グルメだけではない。東大路通の左右には、『三十三間堂』、『智積院』、『豊国神社』、『方広寺』といった有名寺社がずらりと建ち並んでいる。時間が許せば寄り道したいものだ。

歩くとなると、いろいろと厄介なことがあるが、それは多く連れ合いに問題ありなのだ。歩くには当然ながら歩行スピードというものがある。多くせっかちな男性は速く、のんびりとした女性は遅い。連れ立って歩くとなると、どちらかがどちらかに合わせなければならない。あるいは、ふと立ち止まる場所も、その興味によって異なる。歩調を合わせるという言葉があるように、誰かと一緒に歩くとなれば、好き勝手にはいかない。そこへいくと、ひとり歩きは誰にも気兼ねせず、好きな速度で歩き、思い立った場所で立ち止まり、思う存分好きな景色を眺めることができるのだ。

至るところ名所だらけの京都だから、どこと決めずに歩き始めてもいいのだが、ひとつのキーワードを決めて歩くと、その愉しみは倍加する。一日で歩いて愉しめる、そんな二つのモデルコースをご紹介しよう。

「おひとり京都」、それはまず歩くことから始まる。

1. 鴨川を行ったり来たり歩き

ある意味で京都という街の象徴ともいえるのが鴨川だ。京都の街中を北から南へと流れる川を、一度も見ることなく京都を旅することなどきっとないだろう。この川に沿って歩く、名づけて「鴨川を行ったり来たり歩き」コースをまずはご紹介。

上賀茂神社と名物『やきもち』

スタートは世界文化遺産のひとつ、『上賀茂《かみがも》神社』（地図C）だ。できることなら朝早くがいい。京都に着いて、もしくは京都の宿を出て『上賀茂神社』を目指す。

ここまでの公共交通機関は京都市バス。京都駅からなら4号系統、祇園、四条河原町界隈《かいわい》からなら46号系統だ。「上賀茂神社前」のバス停で降りたら目の前に『上賀茂神社』の朱の鳥居が立ちはだかっている。むろんそれを潜《くぐ》り、まずはお参りすることから鴨川歩きを始めよう。

上賀茂神社「神馬舎」

上賀茂神社「二の鳥居」

『一の鳥居』を潜り、砂利道を歩く。参道の両側には芝生が広がり、枝垂《しだ》れ桜やもみじの低木が点在している。やがて左手に『神馬舎《じんめしゃ》』が見えてくると『二の鳥居』は目の前だ。『神馬舎』には生きた神馬がいることもあり、神社の行事になるとこれが活躍する。

日本各地では、奈良時代から神社に馬を奉納する習わしがあり、この馬が祭事に使われた。だが小さな社《やしろ》では生馬を扱うのが負担になってきたことから、絵に描いた馬で代用するようになり、それが「絵馬」になったというわけだ。ちなみに雨乞いには黒馬、晴れを願うときには白馬を奉納するものとされているようだ。

そんなことに思いを馳せながら、『二の鳥居』を潜ると円錐形に盛られた『立砂《たてずな》』、『ならの小川』を渡る石橋があり、やがて本殿に至る。『上賀茂神社』は『賀《か》茂《も》別雷《わけいかづち》神社』が正式名称。その由緒を書いた立て札をじっくりと読めるのも「ひとり歩き」ならではのこと。

境内をぐるりと一周したら、脇の鳥居を潜って駐車場へ。神社の西側の道路へ出る。お目当ては門前名物のひとつである『神馬堂《じんばどう》』（地図C❶）の『やきもち』だ。目印は黄色い暖《の》簾《れん》、創業明治五年とある。

『やきもち』はまた『葵餅《あおいもち》』とも呼ばれる。店先の鉄板でひとつずつ丁寧に焼かれていく様を見るだけでも愉しい。早朝七時頃から開いているので、甘党なら朝食代わりにもいいだろう。焼き立ては格別の旨《うま》さだが、求めて帰り、三時のおやつにもいい。その人気ゆえ売り切れ店仕舞いとなることも少なくないので注意が必要だ。

ならの小川

やきもちの「神馬堂」

『上賀茂神社』の門前名物はもうひとつあって、それは冬に旨さを湛《たた》える『すぐき漬け』だ。神社の東側に連なる社家町の一角に『御《おん》すぐき處《どころ》なり田』（地図C❷）がある。創業は文化元年とあるから、徳川十一代将軍家斉《いえなり》の時代ということになる。長い歴史に培われてきた漬物はまさしく本物だ。

上賀茂神社の周りには、社家町の佇まい、清流明神川《みようじんがわ》の小さな流れ、見どころは幾つもある。

さていよいよ鴨川歩きを始めよう。とはいえ、先の神社の名称にもあったように、この辺りは、鴨川ではなく賀茂川と呼ぶ。「神社前」のバス停から西へ辿り『御薗橋《みそのばし》』から河原へ降りる。まずは東岸を南へと歩くことにしよう。

『御薗橋』から次に架かる『上賀茂橋』までは河原の幅も狭く、あまり整備されていないから、いかにも川岸という雰囲気だ。時折り通り過ぎる自転車が、なんとも長閑《のどか》な風景。『上賀茂橋』を潜ると河原が広くなり、歩きやすくなる。犬を連れて散歩する老人、ジョギングに励む中年女性、河原で水と戯れる子供、とまさに老若男女が川に寄り添っているのが目につく。

送り火の「舟」と『半木の道』

この辺りまで来たら一度振り返ってみる。川の流れの向こうに北山の峰々が連なり、その左方向、つまり西側に「舟形」を象《かたど》った『西賀茂船山《ふねやま》』が見える。これは八月十六日に行われるお盆の行事、「五山の送り火」が灯《とも》される山のひとつである。

京都の夏は「祇園祭」で始まって、「五山の送り火」で終わりを告げるといわれている。夜八時、東山『如意ヶ岳《にょいがたけ》』に「大」の字の火が点《つ》き、松ヶ崎西山・東山に「妙・法」、大文字山に左大文字の「大」、この西賀茂船山に「舟」、そして嵯峨曼荼羅《さがまんだら》山に「鳥居」が灯るとクライマックスを迎える。ちなみに五つの内、「鳥居」の嵯峨曼荼羅山は市中から少し外れたところにあるので、洛中から見えるのは幾つかの高層ビルからだけ。鴨川、賀茂川からは、うまくすれば四つは見ることができる。

半木の道

賀茂川の飛び石

さらに『上賀茂橋』から南へ歩き『北山大橋』を潜る。ここからは上の土手に上がってみる。春には妖艶な枝垂れ桜を咲かせる『半木《なからぎ》の道』という散歩道があるからだ。桜棚の下を歩くとすぐ横には『京都府立植物園』（地図C）の森が広がる。この植物園も時間があればぜひ足を運んでみたい。

広大な敷地の中には温室あり、桜の園あり、と多種多様な植物を見ることができる。

その中に『なからぎの森』と名付けられた五五〇〇平米にも及ぶ自然森があり、ここが『半木の道』の由来となっている。賀茂川の上流からこの辺りに流れ着いた流木が「流れ木」と呼ばれ、やがてそれが訛《なま》って「半木」になったと伝わっている。ここにはなからぎの森を鎮守の杜《もり》とする『半木神社』の小さな祠《ほこら》がある。ここは又『上賀茂神社』の末社でもある。

『半木の道』をしばらく歩くと、右手の流れの中に飛び石が見えてくる。これを渡って西岸へと移動する。多くは浅い流れなのだが、時として大雨の後などはこの飛び石が隠れてしまうほどの流れになることもある。無論そんなときは危険極まりないので、次の橋を待つ。

菱形の飛び石が幾つも並んでいるが、その中の幾つかには桜や千鳥をデザインしたものもある。リズムを付けて石の上を弾んで歩くと心までもが軽くなる。単線?だが途中ですれ違えるようになっている。ここで立ち止まって上流を眺めると水から立ち上ってくる「気」を感じる。マイナスイオン効果とも言える。水音、しぶき、流れが心地いい。

西岸に渡り『北大路橋』を潜るとよく整備された公園になる。芝生や季節の木々が植えられ、あちこちにベンチが設置され、遊歩道も幾筋か交錯している。あまりに整備され過ぎると凡庸になってしまうのだが、今のところギリギリで踏みとどまっているという感じだ。草花を愛《め》で、流れに目を休ませながら歩き、やがて『出雲路橋《いずもじばし》』へと辿り着く。

比叡山を眺める『額縁門』

『出雲路橋』の名前は、この辺りに古代、出雲氏一族が住んでいたことに由来しており、この橋に通じている通りが鞍馬口《くらまぐち》通。鞍馬街道への出入り口であったことからついた通り名。橋の畔《たもと》には『出雲路鞍馬口』と書かれた石碑が建っている。

橋の中ほどまで進み東をじっくりと見上げてみる。正面に『比叡山』が聳《そび》え、その右手に『如意ヶ岳』通称『大文字山』が連なっている。この眺めのなんと美しいことか。

京都盆地は山に近いせいで、少し移動するだけで山の形が違って見える。東山がもっとも美しいプロポーションを見せるのは実はこの『出雲路橋』の上からなのだ、ということは存外知られていない。富士山ほどには整っていないが、それだけに『比叡山』の眺めは味わい深い。一幅の絵のように見えるのだ

賀茂川から大文字山を望む

天寧寺「額縁門」から比叡山を望む

が、それがさらに極まった場所がある。川を離れ、鞍馬口通を西に歩き、寺町通へと向かう。
寺町通と名づけられたように、古《いにしえ》ほどではないが、それでもこの通りにはたくさんの寺が軒を並べている。寺町鞍馬口を南に下がると一番最初に出会うのが『天《てん》寧寺《ねいじ》』（地図B、C）である。ここの山門前に立って東を見る眺めが実に美しい。山門が額縁《がくぶち》のようになって、比叡山がきちんとおさまっている。それ故この山門は『額縁門』と呼ばれているのだ。これを初めて眺めた旅人はきまってため息をつく。それほどに美しい眺めに会えるのは、歩いてこそ。ひとり歩きの醍醐味はこんな眺めにある。
この『額縁門』にはおもしろい逸話がある。名づけ親が戦後、京都に駐留していた進駐軍だというのだ。古都京都をドライブしていた士官がこの寺の前を通りかかって、そのあまりの美しさに車を停め、飽かず眺めてこう言ったという。

「Beautiful frame gate!」

そんなエピソードの真偽を詮索《せんさく》するなど野暮なこと。寺町通を南に向かって歩を進める。最初に交差する広い通りが上御《かみご》霊《りょう》前通。これを右、すなわち西に向かうと『上御霊神社』(地図B、C)へと行き当たる。

この前の戦争「応仁の乱」と門前名物

京都という土地柄を言い表す逸話のひとつに「この前の戦争」というのがある。普通に考えれば、この前というのは「第二次世界大戦」を指すだろうが、京都人はそれを「応仁の乱」だと言うのだ、そうまことしやかに伝わっている。

京都に生まれ育った僕としては、まさか、と思いながらも、さもありなん、とも思い返さなくもない。なぜなら僕がよく行く蕎麦屋『本家尾張屋』の創業はこの「応仁の乱」の前年だと言うのだから、そう遠い話とも思えないのだ。そしてその戦の発端となったのがまさにこの地、『上御霊神社』なのである。

上御霊神社

『上御霊神社』の始まりは平安京遷都にまで遡る。遷都をなした桓武天皇の命により、王城守護の神として祀《まつ》られた社である。つまり今の京都の元となった都平安京を護《まも》るようにと仰せつかった、由緒正しき神社なのだ。時代は下り、一四六八年の一月十八日朝、畠山政長と義就、二人のいとこがこの場所で一戦交えたことから、十年続く応仁の乱は始まった。いとこ同士はやがて東軍と西軍に分かれて戦うようになり、その西軍の陣地となったことから、これより西の方を「西陣織」でその名を知られる『西陣』と呼ぶようになったのである。

と、このように京都の地名は歴史的な事象から名づけられていることが多い。それ故、勝手に地名を変えてもらっては困るのだ。近年、市町村合併のせいなのか知らないが、日本のあちこちで、長く続いた地名がわけの分からない地名に変えられているが、京都だけはそんなおろかなことはしないはず。

さて、話は『上御霊神社』に戻る。この社はその名が表すように御霊信仰から生まれたものだ。八所御霊《はっしょごりょう》と呼ばれているように、悲劇の早良親王を筆頭に、おなじみ菅原道真や、吉備真備《きびのまきび》などの八柱が祀られ、その御霊を鎮める目的で建立されたものである。皇室にもゆかりが深いが、京都の町衆にも「ご霊《りょう》さん」と呼ばれて親しまれている。毎年五月十八日に行われる祭礼「還幸祭《かんこうさい》」は洛中でもっとも歴史ある祭りと言われていて、近隣住民総出で賑《にぎ》わいを見せる。

いなせな法被《はっぴ》姿の町衆が威勢よく担ぐ神輿《みこし》が洛中を練り歩くさまは、公家文化とはまったく別の京都を見せる。二〇〇九年には、念願叶って『上御霊神社』の神輿が百四十年ぶりに「御所参内」を果たし、『上御霊神社』と皇室との深い絆を再確認した。

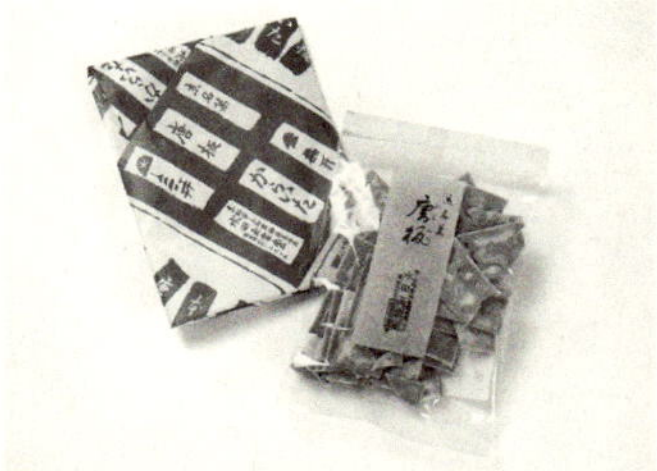
創業500年を超える水田玉雲堂の「唐板」

この『上御霊神社』の門前名物が『水田玉雲堂《みずたぎょくうんどう》』（地図C❸）の『唐板《からいた》』。石鳥居のすぐ前に店を構えている。『唐板』とは、平安時代に疫病退散を願い『神泉苑《しんせんえん》』で催されていた「御霊会《ごりょうえ》」で、神前にお供えされた菓子を再現したものである。長く続いた「御霊会」が途切れたのは応仁の乱のせいだと知り、残念に思ったこの店の祖先が始めたという『唐板』は素朴な味わい。ちなみに創業は応仁の乱が勃発した九年後の文明九年というから、その歴史たるや五百年を軽く超えてしまう。こういうことを知ると、「この前の戦争は応仁の乱」というのがあながち冗談とは思えなくなるのだ。

この辺りまで、おおむね五〇〇〇歩ほどだろうか。少し小腹が空《す》いてきたなら、格好の店がある。『上御霊神社』のすぐ近くにある食堂『淡海』（地図B、C❹）がそれだ。

「淡海」の揚げカレーうどん

店の前の細い路地が『相国寺《しょうこくじ》』に通じているのは、その門前町として賑わった頃の名残だろうか。住宅街の中にぽつんと残された店は一見して普通の食堂で、しかしその味わいはなかなか手強い。

麺類、丼もの、定食、弁当と何でもあるのだが、僕のおすすめはカレーうどん。濃厚な餡《あん》はとろりと甘くうどんに絡まる。名店の京料理もいいが、こういう路地裏にこそ京都のほんまもんが潜んでいるのを知るためにもぜひ。夏場には「氷」の小旗が揚がり、かき氷が名物となり、冬場には熱々の鍋焼きうどんに舌鼓を打つ客が暖簾を潜る。

　さて、寺町通に戻ってさらに南へ。車も入れないような細い路地にあるのが『大黒屋鎌餅《かまもち》本舗《ほんぽ》』（地図B、C❺）。ここの名物はその形を鎌に見立てた『御鎌餅』。今は『阿弥陀寺』の門前だが、かつては鞍馬口通の『上善寺《じょうぜんじ》』の門前茶屋で出されていたという菓子は、上品な甘さと、くたっと柔らかい餅皮が身上だ。店の奥で手作りされ、ひとつずつ杉皮で包まれた『御鎌餅』は京土産に最適。

　と、ここまでにも紹介してきたように、多くの寺社には門前名物があり、それを辿るのも一興である。派手なスイーツ全盛の時代だからこそ、素朴な味わいがうれしい。

大黒屋鎌餅本舗

　この後『相国寺』から出町界隈につなげてもいいのだが、その辺りの案内は拙著『極みの京都』（光文社新書）の第三章に詳述しているので、ぜひそちらをご覧あれ。

　さて、寺町通を南下して『桝形《ますがた》商店街』のアーケード入口まで来たら、ここを東へ。商店街を抜けて『出町橋』を渡り、『葵公園』の東側にある下鴨《しもがも》東通を北へと歩く。目指すはもうひとつの世界文化遺産『下鴨神社』（地図B）だ。

強力パワーの縁結びの神さま

と、その前に、『葵公園』の東側にはもう一本橋が架かっていて、これを『河合橋』と呼ぶ。その名の由来は文字通り、ここで川と川が合わさるからだ。『河合橋』が架かっているのは高野川。すなわちこのすぐ下流で賀茂川と高野川が合流し、鴨川になるのである。

下鴨神社参道入口

それはさておき、下鴨東通をしばらく進むとY字路に出て、その角に『賀茂御祖神社《かもみおや》』と刻まれた石碑が建っている。これが『下鴨神社』の正式名称だ。先の『上賀茂神社』と併せて『賀茂社』と総称されている。Y字路の左斜めの道幅いっぱいに朱の鳥居が建っているのでこれを潜る。ここからすでに『下鴨神社』の参道である。

白塀に沿ってまっすぐ歩くと、やがて御蔭通と交差し、これを越えるといよいよ『下鴨神社』の境内へと入って行く。この『下鴨神社』の最大の特色は広大な原生林『糺《ただす》の森』を持つことにある。鬱蒼《うっそう》と茂る森は神社への荘厳なアプローチなのだ。

『紀の森』はかつては百五十万坪にも及ぶ原生林だった。賀茂川と高野川が作る三角州は古代、まさに森林だったのだろう。さまざまな歴史を経て、現在は四万坪足らずとその面積は激減したが、それでも東京ドーム三個分の広さを持っている。主要なターミナルのすぐ傍《そば》にこれほど広大な緑地、しかも原生林が残っているのは京都ならではのこと。エノキやムク、ケヤキなど三十種以上、約六百本の樹木が茂り、その間を清らかな小川が幾筋も流れている。この森を抜けて本殿へと向かう。

下鴨神社楼門

縁結びの「相生社」

　本殿の脇には『相生社《あいおいのやしろ》』があり、神社入口近くにある『河合神社』と併せて縁結びの神さまとして知られている。『相生社』の横には御神木、『連理《れんり》の賢木《さかき》』があるが、これは京の七不思議のひとつに数えられている。その謂《い》われは、縁結びの神力があまりにも強過ぎて、二本の木が途中から合わ

神木「連理の賢木」

干支別にお参りするシステムの祠

さり、一本になってしまったというもの。あやかりたい向きはぜひともこの木にお参りして祈願すべし。

　この『下鴨神社』は一風変わった社で、さらに進んで楼門を潜ると多くの祠が建っており、それぞれに干支《えと》が書かれている。つまり干支別にお参りするシステムなのだ。ということで、お参りしている人を見れば年齢が分かってしまう。

『舞殿《まいどの》』の東奥にある『井上社《いのうえしゃ》』の前には『御手洗池《みたらしいけ》』が清水を湛えている。ここでは盛夏、土用の丑の前後四日間、「足つけ神事」が行われ、「みたらし祭り」と呼ばれている。僕も毎年これには参加するのだが、水は驚くほど冷たく、膝まで浸《つ》かり、蠟燭《ろうそく》の火を供える間に足がじんじんとしびれてくるほどだ。無病息災を祈る行事である。

「みたらし」と言えば「みたらし団子」。『下鴨神社』の門前名物を求めて、神社を辞去し、下鴨本通へと出る。通りを越えた向かい側に、赤い提灯《ちょうちん》を提げた『加茂みたらし茶屋』（地図B❻）が見える。

五つ連なって串に刺された団子に、たっぷりと甘いたれを絡ませて食べる「みたらし団子」はここが発祥と伝わっている。

鎌倉時代の終わり頃、後醍醐天皇が『御手洗池』で水を掬《すく》おうとしたところ、最初に泡がひとつ浮き上がり、しばらくの間を置いてから四つの泡が浮かび上がった、その故事にちなんで作られた菓子なのだ。最初のひとつが頭を、後の四つが四肢を表すとするのが一般的だ。たかが門前名物と侮るなかれ。話は鎌倉時代の天皇にまで至るのだ。それが京都という街。

御手洗池

門前名物「加茂みたらし茶屋」

ここまで歩いた距離は直線でほぼ六キロ。歩数にして八〇〇〇歩弱だが、あちこち立ち寄っているので、優に一万歩を超えていることだろう。「鴨川行ったり来たり歩きコース」はここがゴール。さて次なる「おひとり歩き」は。

2. 京の路地裏不思議歩き

何しろ千二百年を超える歴史を持つ街だから、京都には様々な不思議が潜んでいる。陰陽師《おんみょうじ》が暗躍し、怪僧が跋扈《ばっこ》していた京の街には摩訶《まか》不思議な言い伝えが今に残り、その足跡が点在する。それを辿って歩くのも「おひとり」ならではの遊山《ゆさん》だ。

迷信に振り回されたり、近頃流行りのスピリチュアルを妄信するのも困ったものだが、かと言って、世の中の事象がすべて科学で解明できるとも思わない。不思議スポットを巡り、古き時代に思いを馳せるのも、古都京都でしか味わえない旅だ。

碁盤の目になった道筋の合間を縫って、細い路地もあちこちに潜んでいる。路地は魔界に通じ、不思議を生み出す。路地裏には時として、とんでもないものが隠れていることもあれば、ひっそりと名店が佇んでいることもある。不思議を巡りながら、隠れた名店を探し出す、そんな「おひとり歩き」コースだ。

『知恩院』の七不思議

京都の不思議で、もっともよく知られているのが名刹《めいさつ》『知恩院《ちおんいん》』（地図E）の七不思議だ。まずはこの寺を訪ねることから不思議歩きを始める。

知恩院「三門」

地下鉄東西線の「東山《ひがしやま》」駅で下車し、神宮道《じんぐうみち》を南に下がる。『青蓮院《しょうれんいん》』を過ぎ越すとやがて『知恩院』の三門前に出る。

浄土宗の総本山である『知恩院』は、平成二十三年に元祖である法然上人の八百年忌を迎えるため、大いに盛り上がっている。

比叡山で求道生活を送るうち、ただ南無阿弥陀仏を唱えるだけですべての民が救われるという、いわゆる専修念仏の道に気付いた法然上人が浄土宗を開いたのは一一七五年。鎌倉幕府が開かれる以前だから、何とも気の遠くなるような昔だが、ここ『知恩院』はそれを機に始まったというのだから、

どこか艶を感じる「濡髪」の社

どんな不思議が潜んでいても納得できるような気がしてしまう。

鶯《うぐいす》張《ば》りの廊下、忘れ傘、瓜生石《うりゅうせき》、抜け雀、白木の棺、大杓子《おおしゃくし》、三方正面真向かいの猫、がその七つだが、残念ながら後の四つは普段は見られない。

それぞれの縁起は『知恩院』に記されているから、詳しくはそちらに譲るが、ひとつだけ、忘れ傘の話をしておこう。

御影堂《みえいどう》から方丈庭園を抜けると、境内の北東の隅に『濡髪大明神《ぬれかみだいみょうじん》』という小さな社がある。ここに忘れ傘の不思議な逸話が残っている。

江戸の初め頃、三十二代目の上人の枕元にしくしくと泣いている童子が現れた。童子はなぜか濡れ姿で、実はこの土地に古くから住む白狐であり、御影堂が建てられたせいで住まいを失《な》くしたと直訴しに現れたのだった。これを不憫《ふびん》に思った上人は寝床を作ってやったという。後日その礼にと再び現れた童子は、以後この『知恩院』を火災から守ると約束し、その証《あか》しとして御影堂の軒下に傘を置いていったというのだ。狐の恩返しの話はあちこちに伝わるが、証拠が残っているだけに幾分真実味がある。

ただこの忘れ傘には、別の説があって、それは日光東照宮の彫り物で知られる左甚五郎《ひだりじんごろう》が、魔除《まよ》けのためにここに置いていったという話。名工よりは白狐に肩入れしたくなるのが人情というもの。白狐説のほうが圧倒的に有力とされている。

いずれにせよ、濡髪という艶っぽい名前が付いているせいか、祇園街の信仰が厚く、縁結びの神さまとして舞妓、芸妓がお参りを欠かさないというのもおもしろい話。

『知恩院』を出て南へ歩くと『円山公園』（地図E）に出る。その境目辺り一帯はかつて真葛《まくず》ヶ原《はら》と呼ばれていた。時代劇では決闘の場としてよく登場するが、その名の通り、葛や薄《すすき》が生い茂る野原だった。

今は料亭や旅館が軒を並べる界隈を通り過ぎると、祇園祭で知られる『八坂神社』（地図F）の境内へと続く。この神社の話となると、それこそ本書一冊丸ごと費やしても紙幅が足りない。ここは素通りして下河原通を南へと下る。土産物屋、料理屋が続く街並みには、四季を通して観光客の姿が絶えない。

雑踏に紛れて歩くのもある意味で「おひとり京都」の醍醐味だ。道連れがいると、とかく

北政所ねねゆかりの圓徳院の佇まい

人波に流されがちだが、ひとりだと波に逆らうことも容易だ。というよりもむしろ、流れに逆らうことに快感を覚えることだってあるのだ。

三面大黒天と《阿阿》の狛犬

ここからは多くの観光客が東側の『高台寺《こうだいじ》』（地図E）に流れていくが、「おひとり」のお目当ては西側の『圓徳院《えんとくいん》』（地図F）。豊臣秀吉の妻である北政所ねねが終焉《しゅうえん》を迎えた地として知られる寺だが、詣るべきは境内に鎮座する『三面大黒天』である。

『三面大黒天』または『三面出世大黒天』、聞き慣れない神さまだろうが、秀吉の守り本尊でもあった。大黒天、毘沙門天、弁財天と三つの神様が合体したのだから、強力なパワーを持っているのだ。私事で恐縮だが、厄年以来、僕はこの『三面出世大黒天』を守り神にしている。

不摂生もあって、厄年の頃に大病を患い、文字通り多くの厄介事を抱えていた僕は、何気なく比叡山延暦寺を訪ねた。成人してすぐ、短期間ではあったが坐禅を組むために寺籠《ごも》りしたことを思い出したからだ。ケーブルとロープウェイを乗り継いで延暦寺を訪ね、不滅の法灯に手を合わせ、門前蕎麦を食べ、さてこれから、どうしたものかと辺りを見回して、ふと目に入って来たのが『根本中堂』の東南に位置する『大黒堂』だ。

ここで初めて対面した『三面出世大黒天』に何かを感じた僕は、それを守り神にすると決めたのだった。とは言え、比叡山にしょっちゅうお参りするのも大変だと思っていたときに、この『圓徳院』に同じ『三面大黒天』を見つけたという次第。

三面大黒天

大黒天で食いはぐれなく、毘沙門天で勝負に強く、弁財天で芸と文に通じる。かどうかは定かでないが、お参りすれば清々しくなることは請け合いだ。

『三面大黒天』のお参りを済ませ、『圓徳院』を後にして南へとさらに流れに沿って歩く。と、二年坂（二寧《にねん》坂）、三年坂を越え、自然『清水寺』（地図E）へと至る。ここも又あまりにも有名な観光名所なので「おひとり」には向かない。ただ、どうしても見ておきたい不思議があるので、それだけはチェックしておこう。

『清水寺』には七不思議どころか、その倍の十四不思議があると言われている。すべてを見てみたことがあるが、幾分こじつけっぽい、というか作為的な匂いがした。その中で二つだけ、拝観料なしでも見られるものをご紹介しよう。

善光寺堂の首振り地蔵

参道を歩いて門前のすぐ左手に小さな祠がある。これが『善光寺堂』だ。ご本家、信州善光寺は七年に一度の御開帳で大賑わいだが、こちらは参拝客も少なく、ひっそりと目立たぬ佇まいだ。この前に地蔵様が鎮座していて、この首がくるりと三六〇度回る。

首を持ってゆっくりと一回転させてから祈れば願いが叶うと言われているので、ぜひお試しを。ちなみに首が回らないときは、体調が悪い徴とも言われているので、検診を受けたほうがいいかも知れない。このような参加型の不思議は愉しい。京都の寺社には、『伏見稲荷』や『今宮神社』など、他にも、石を持ち上げて重いか軽いかで占うものが何箇所かある。

もうひとつの不思議。それは『仁王門』、通称『赤門』の石段下にある狛犬である。

通常、狛犬というのは神社の門前にあるもので、お寺にあるのは珍しい。京都では他に洛

世にも珍しい地主神社「阿阿」の狛犬

西『高山寺』にあるくらいだ。聞けばこれは『清水寺』の奥に『地主《じしゅ》神社』（地図E）があるからだそうで、つまりこの狛犬は『地主神社』への参道を意味するものなのだ。

と、ここまでなら、まぁあり得なくはない話で、大した不思議でもないのだが、この左右の狛犬をよく見るとあることに気付く。それは「阿阿《ああ》」の狛犬になっているということ。

狛犬は大抵、「阿吽《あうん》」が一対になったもの。仏教では「阿」は口を開いたとき、最初に発する言葉、これに対して「吽」は最後に発する言葉とされている。すなわちこの「阿吽」は宇宙のすべてを表すものとされている。

そこでこの狛犬である。「阿」と「阿」。つまり始まりと始まり。終わりがないのだ。これをどう捉《とら》えるのか、その答えはない。だが不思議だ。思索し哲学するのも一興。これぞひとり歩きならではだ。

縁切りのご利益があるという安井金比羅宮

清水の舞台は人で溢れるのでここから先はひとまず置くとして、西の方へと方向を変える。京都は盆地になっているから市街の周囲は小高く、中心の土地は低い。長い坂をたらたらと降り、東大路通を渡るとすぐ『安《やす》井《い》金《こん》比《ぴ》羅《ら》宮《ぐう》』（地図F）の鳥居が見える。ここは京都では縁切り祈願で知られる神社。

縁切り祈願

天智天皇の頃にお堂を創建したというから、平安京よりも長い歴史を持つ『安井金比羅宮』だが、主祭神に、讃岐《さぬき》の金比羅さんに一切の欲を断って籠った崇徳天皇を抱くことから、縁切りの霊験あらたかと言われるようになったのである。とはいえ、崇徳天皇は讃岐に流されたわけで、その後非業の死を遂げたことから、怨霊伝説もつきまとっている。

縁切りといっても必ずしも男女の間とは限らない。断ち切りたいものがあれば、それを願えばいいのだ。酒、煙草、ギャンブルなど、縁を切りたい習慣があればお参りすべし。

『安井金比羅宮』から『建《けん》仁《にん》寺《じ》』の境内を抜けて南へ下がる。目指すは魔界中の魔界『六《ろく》道《どう》』だ。

六道

六波羅蜜寺

『六道』とは、人が生前の業により堕ちて行く六つの道のこと。すなわち、地獄、餓鬼、畜生、修羅、人間、天上の六つの冥界《めいかい》。自らの業をつらつらおもんみると、えらそうなことは言えないが、それでもできることなら後の二つでお願いしたいものだ。

真っ赤な顔をして絶えず戦い続ける修羅界の阿修羅像は、見る分にはいいのだが、自分がその立場になるというのはあまり嬉しくない。それでもまだ人間の顔をしているだけでも我慢できなくはない。だからなんとか最初の三つはどうにかして避けたいがそれは神さまが決めること。そう思えば日頃の行いにも心が行き届くことになる。

六道珍皇寺

平安京時代には葬送の地だったという鳥辺野《とりべの》の入口にあたるのが『六道の辻』。ここを南に下がると『六波羅蜜寺《ろくはらみつじ》』（地図F）、東に行くと『六道珍皇寺《ろくどうちんのうじ》』（地図F）である。

『六波羅蜜寺』と聞いて誰もが思い浮かべるのは、念仏を唱える口から六体の阿弥陀様が現れたという『空也上人《くうやしょうにん》立像』ではないだろうか。運慶四男の作と伝わる彫像は、冥界とは無縁の穏やかな表情だ。そもそも〈波羅蜜〉とは、マカハンニャハラミタの、あの〈波羅蜜〉である。間違っても美味《おい》しい焼肉の部位のことではない。悟りを開き、彼岸へと至ることを言い、それには六つの修行を積まねばならないと言うのだ。布施、持戒、忍辱、精進、禅定、知恵、とあるのだが、かなり難解な話になりそうなので、そこのところはよろしく、ということで飛ばそう。

もうひとつの〈六〉、『六道珍皇寺』は京都人には身近な存在だ。

普段は静かな『六道珍皇寺』が時ならぬ賑わいを見せるのは、お盆の霊を迎える八月七日からの四日間。京都中の人々が、ご先祖を迎えに行こうとこの寺に押し寄せる。

『六道』があの世と現世の出入り口となっているから、京都中のご先祖さまはこの『六道珍皇寺』を通って家々に帰ってくるのである。それを皆でお迎えにあがるというわけだ。行列の苦手な京都人だが、この時だけは別。文句も言わずに黙々と並び、順番を待って『迎え鐘』を撞《つ》く。あの世のご先祖さまの名前を念じつつ撞き鳴らせば、十万億土の果てまで響き、それを聞いたご先祖さまがこの『六道珍皇寺』へと帰ってくるのである。

その鐘を撞く鐘楼堂の横には『篁堂《たかむらどう》』があり、ここに祀られているのが誰あろう、京都魔界のスーパースター小野篁《おののたかむら》だ。頭が高い。控えおろう。となってもおかしくない。何しろこの小野篁は寺の井戸を伝って、あの世と現世を自由に行き来していたというのだから。

六道珍皇寺本堂

普段は朝廷で高級官僚として仕え、時にあの世で閻魔大王の官房長官を務めたという。そしてこの小野篁があの世から井戸を伝って現世に戻って来るとき、高野槇《こうやまき》の枝につかまって昇ってきたという言い伝えがあり、それが「水回向《みずえこう》」という行事に繋がっている。「水回向」とは、門前で売られている高野槇を供えることで、各ご先祖さまをその葉に乗せて現世に帰ってこられるようにと願う儀式。ジェット機で世界中を飛び回れるようになった現代でも、こういう儀式が脈々と受け継がれているのが京都という街なのだ。

これを門前名物といっていいかどうか、悩ましいところだが、『六道珍皇寺』のすぐそばに『幽霊《ゆうれい》子《こ》育《そだて》飴《あめ》』という菓子を売る『みなとや』（地図F❼）がある。

ある夜店を訪ねてきた青白い女が言う。「夜分に申し訳ないのですが、飴を売っていただけませんか」と。そして一文銭を出し

『みなとや』の幽霊子育飴

た。女は毎夜やってきて、同じように一文銭を出して飴を買って行く。それが六日間続いた。不思議に思った店の主人が言う。「明日、お金を持ってこなかったら人間ではない。人間は死ぬときには、三途の川の渡し銭として、銭を六文棺桶《かんおけ》に入れるはず。それをきっと使い果たしたのだろう」。

七日目にも女はやはりやってきたが、今日はお金がないと言った。タダで飴を与えた主人が後をつけると、高台寺に入り、ある墓の前で女は姿を消した。そこを掘り返してみると、死んだ女と子供がいた。お墓の中で子供が生まれ、母親の執念で子を育てようとして飴を与

えていたのだ。後にこの子は、飴屋の主人が引き取って、立派に育て上げ、高台寺の僧になったと伝わっている。そんな逸話とは無関係に、この飴は懐かしい味わいなのだが。

路地裏の隠れ店

少しばかり、おどろおどろしいものが続いたので、この辺りでほっこりと休むことにしよう。『六道珍皇寺』から松原通を西へ、一筋ばかり行くと北側に細い路地が見える。これを八坂通に向かって奥に進むと『紅ゆき』（地図F❽）というカフェがある。

と、そこへ行く前に、松原通から北へ伸びる道に『ハッピー六原』という派手な色遣いのアーチ看板が目立つ。これもなんだか地元の人たちの複雑な心境を映し出しているようで興味深い。

ハッピー六原のアーチ看板

魔界、幽霊、などというものは、あまり縁起のいいものではない。だがこの界隈はその歴史的風土があってこその街であり、それ故賑わっていることも疑いようのない事実ではある。だがそれでいいのか、きっと地元の人たちは悩んだことだろう。人は誰でも幸せを望む。しかしこの六道、六原界隈は幸せとは逆のイメージではないか。これを払拭《ふっしょく》しないと若い人たちがここを離れて行ってしまうのではないか、そう危惧《きぐ》した地元民が英知を結集した結果生まれたのが、この『ハッピー六原』の看板である。『ハッピー六原』『ハッピー六原』と六度唱えると幸せになれる！　かどうかは定かでない、どころか、これはまったくの僕の想像に過ぎないので本気にしないように。

それはさておき路地裏の『紅ゆき』。この店の名物は抹茶コーヒーという珍しい飲み物だ。元は旅館だったという風情ある空間で庭を愛でながら飲む抹茶コーヒーは、不思議な甘さの後、ほのかな苦みが余韻に残る。

ひと息ついたら、路地を戻って松原通へ。さらに西へ進むと、鴨川へ出るまでの間に、細く長い路地が幾筋も通り、その奥におもしろい店が何軒か点在している。

京都人的に正確に発音すれば路地は「ろぉじ」だ。若い人なら「ろーじ」となる。きちんと碁盤の目に整備されているはずの京都の道に、なぜこんなにも多くの路地があるかというと、それは逆説的だが、碁盤の目になっているからなのだ。

南北に走る縦の道と、東西を結ぶ横の道は、西安の都にならって条坊制《じょうぼうせい》に整備され、碁盤の目に作られている。それ故、縦横の通りで区画された四角形の中央にはデッドスペースが生まれることが少なくない。そこへと辿る道を付けたのが路地だ。路地には通り抜けできるものと、行き当たりになっているものがある。前者は「辻子」または「図子」と呼ばれ、読みはどちらも「ずし」だ。後者は単に「路地」と言われているが、防火上通り抜けできるようになった路地もあり、それは「抜け路地」と呼ぶ。

この路地を分かりやすく見るなら、先斗町《ぽんとちょう》と木屋町通《きやまちどおり》を繋ぐ何本かの路地がいい。人ひとり通るのがやっとという路地の両側に飲食店が建ち並ぶ様は圧巻だ。それぞれに番号が付いていて、店の在り処を示すのに使う。たとえば「十七番路地を木屋町側から入って五軒目の北側」といった具合。路地の出入り口にはちゃんと、通り抜けできるかどうか、が明記してあるのもおもしろい。

あじき路地

松原通を西に進み、大和大路通を越えるとすぐ、南に向かう大黒町通がある。ここを南に下がってしばら

「裏具」に通じる路地

く行った右手に奥に長く伸びる路地が見え、その入口には『田中圖子《ずし》』と彫られた石の道標が建っている。ここが近年話題を呼んでいる『あじき路地』。いわば近代的な長屋である。大家さんのお眼鏡に叶った者だけが住むことを許され、当番制で掃除やゴミ出しをする。多くが布、木工などの工房として使いながら住んでいる。公開している店もあれば、そうでない家もある。確かめてから入ってみたい。

この『あじき路地』で一番人気なのが革細工の『Ｒｉｍ』（地図Ｆ❾）。バッグや財布、名刺入れなどカラフルな革製品が品よくディスプレイされている。人気が人気を呼び、予約待ちの商品も少なくないという。

路地裏の隠れ店をもう一軒訪ねてみる。大黒町通に戻り北へ、松原通を西に取り、宮川筋を北へ上がる。ここは京都五花街のひとつ「宮川町」。石畳の道を歩き、「宮川町歌舞練場」を過ぎた辺りで右手に細い路地が見え、その奥にあるのが『裏具《うらぐ》』（地図Ｆ❿）。和風のステーショナリーショップだ。便箋、封筒、葉書、ポチ袋など、粋な和柄の京文具が並んでいる。

先の『Ｒｉｍ』もそうだが、京都でこういった小物の店を知っておくとちょっと小粋な感じがしていい。むろんこれらの店はデパートや駅ビルに出店していないから、ここまでやってこないことには買えない。そこがまた京都らしいところ。古く京都の多くの商店がそうだったように、「座売り」に近い形なのだ。

さて再び宮川筋を南下し、松原通に出る。ここからすぐ西の松原橋を渡って、五条通を目指す。

陰陽師、安倍晴明のベース基地

五条河原と言えば『五条大橋』。言わずと知れた弁慶と牛若丸が出会った場所として有名だが、その頃の五条通は今の松原通だと言われている。と言うことは、実際に弁慶と牛若丸が一戦交えたのは一辻ずれた松原橋の辺りとなる。当時ここの河原には『法城寺』という寺院があり、そこには陰陽師として名高い安倍晴明《あべのせいめい》の墓所があったと伝えられている。

鴨川はかつては氾濫《はんらん》を繰り返していて、白河上皇が、賽の目、比叡山の山法師と共に、「天下の三不如意」の一つとして加茂の水を挙げたほどの暴れ川だった。それを鎮めるために安倍晴明が祈ると、たちどころに鴨川が干上がったという。

今でこそ、戦とは無縁であるかのように清らかに流れる鴨川だが、古くは処刑の川でもあった。平治の乱で敗者となった平忠正らは六条河原で処刑され、木曾義仲は後白河法皇の側近たちを斬首して五条河原に晒《さら》した。輪廻転生、その義仲もまた同じ場所で獄門に掛けられたというから、鴨川には怨霊が渦巻いていたのだろう。

となれば安倍晴明ら、陰陽師の出番、という図式。陰陽師たちはこの辺りをベース基地にして、依頼を受ければ洛中を飛び

五条大橋の弁慶と牛若丸

歩く、そんな場所だったに違いない。

現代に戻って『五条大橋』。橋を渡った西詰に弁慶と牛若丸が戦っている像が建っている。ではなぜこの二人が戦っているかと言うと、武蔵坊弁慶が牛若丸の刀を奪おうとしたのがきっかけだ。

都中で戦いを挑んできた武蔵坊弁慶はすでに九百九十九本の刀を集めていて、残り一本で千本というところまで来ていた。そこで出会ったのが牛若丸。この子供なら簡単に奪えるだ

ろうと甘く見てしまったのがケチの付き始め。欄干から欄干へ、ひらりひらりと軽く身をこなす牛若丸に為《な》す術《すべ》もなく敗れ去った弁慶は悔し涙を流した、かどうかは定かでない。

明けて翌日、リベンジを期し、『清水寺』で待ち伏せた弁慶は、清水の舞台で再び牛若丸に戦いを挑んだが、またしても負けてしまった。平伏した弁慶はこれ以降、牛若丸に忠誠を尽くすことになったという話。

そんなエピソードに思いを馳せつつ、この像の南側、斜めに抜ける道を辿る。この道沿いに日本最古の茶筒店『開化堂《かいかどう》』（地図F⑪）がある。かつての歓楽街入口にあるこの店は京職人の代表として、京都の暮らしに欠かせない茶筒を手造りで作り続けている。その創業は明治八年というから、優に百三十年を超える歴史を持つ店だ。

『開化堂』の茶筒は「不思議の茶筒」とも呼ばれている。その訳は自動ドアならぬ自動蓋にある。素材は銅やブリキ、真鍮《しんちゆう》、銀と様々だが、どれもが実に精緻《せいち》に作られていて、茶筒と蓋がぴったり合うようにできている。したがって、綴じ目になっている線を合わせると、押さずとも、蓋は自然と落ちて行き、ぴたっと閉まるのである。これは見事な職人技であるとしか言いようがない。職人の手はある意味で機械より正確なのだ。

無論、実際にお茶っ葉を入れればいいのだが、入れずとも、この自動蓋の感触を味わうだけでも充分愉しめる。この、すーっと蓋が落ちて行くのはえもいわれぬ快感で、ちょっとしたカタルシスだ。

寄り道はこれくらいにして、路地裏不思議探索を続けよう。五条通へ戻り西へと辿る。京都のメインストリート河原町通を渡り、さらに西へ。五筋目になるのだろうか、歩道橋の手前、堺町通を北へ向かう。

先にも書いたように、京都の通りは碁盤の目に整備されているので、一度通り名を覚えてしまえば、どこへ行くにもたやすい。

南北をつなぐ縦の通りと、東西をつなぐ横の通り名を組み合わせれば誰でも簡単にその地に辿り着けるのは実に便利だ。たとえば〈河原町通四条上がる《かわらまちどおりしじようあ》〉と言えば、タクシードライバーにもすぐ通じる。ただ通り名を覚えるのが厄介で、それ故京都ではわらべ唄が作られていて、子供はその唄を口ずさみながら通りの名前を自然に覚える。

――丸竹夷二押御池。姉三六角蛸錦。四綾仏高松万五条――

これは洛中の東西の通りを唄にしたもので、独特の節回しと共に、一度覚えてしまえば、まず生涯忘れることがない。丸は丸太町通、竹は竹屋町通、姉は姉小路《あねやこうじ》通、三は三条通という具合に北から南へ続いて行く。だが、南北の通りは馴染みが薄い。京都人でもなかなか覚えにくいのだ。

東から西へ、寺町通、御幸町《ごこまち》通、麩屋町《ふやちょう》通、富小路《とみのこうじ》通、柳馬場《やなぎのばんば》通、堺町通、高倉通、間之町通、東洞院《ひがしのとういん》通、車屋町通と続くのが基本だが、時折り途切れたり、また復活したりと、入り組んでいるので数えたとしても外れることがある。

鉄輪の井

丑の刻参りと鉄輪の井

堺町通を北に上がり、万寿寺《まんじゅじ》通を越え、松原通に出る手前の左側に不思議な路地がある。とは言っても、よほど注意していない限り見過ごしてしまうほど目立たない。現に僕は以前からこの通りを何度も自転車で通っていたのに、まるでその存在に気付かずにいた。

ある書物で読んでここを知り、探して見つけたのは三年ほど前のこと。五十数年この京都で生きてきたのに、である。まだまだ知らないことはたくさんある。だから京都はおもしろいのだ。

民家の玄関と見まがう引き戸の奥には朱塗りの小さな鳥居が見え、何やら妖しげな空気を漂わせている。思い切って引き戸を開けて中に入ると、人ひとりがやっと通れるくらいの細い路地奥に小さな祠があり、その横には井戸がある。これは丑の刻参りで知られる『鉄輪《かなわ》の井《い》』（地図F、G）なのだ。

「丑の刻参り」とは、洛北『貴船《きふね》神社』で呪いを掛ける儀式を言う。呪いを掛けた人形を釘で木に打ち付ける、というあの儀式である。

伝説では、顔に朱をさし、全身に丹《に》を塗り、口に松明をくわえて都の街中から洛北貴船までひたすら走ったというのだから、想像するだに恐ろしい姿だ。この時、頭にかぶったのが鉄輪である。鉄輪に三本の蠟燭を灯すのが約束ごと。

夫婦の間を割かれたことを恨んだ女が丑の刻参りをしていた。夜な夜な貴船まで詣でて、ようやく今日で満願成就というその日、精魂尽きはてた女は井戸の傍で倒れて息絶えてしまった。結局恨みを晴らすことができなかった女の怨霊がたたり、不幸が続いたので、その女がかぶっていた鉄輪を井戸の傍に埋めて祀ったという。それがこの『鉄輪の井』である。

今は涸《か》れてしまっているが、この井戸の水を相手に飲ませれば縁が切れるという、何ともおどろおどろしい井戸。古い昔の迷信かと思えば、井戸の蓋の上にはペットボトルに入ったミネラルウォーターが置かれている。一晩この井戸の上に置いておくだけでも効果覿面《てきめん》と言われている。

さらに驚くことには、すぐ真横には民家があり、普通に人が暮らしているのだ。つまり路地の入口はこの家の玄関口も兼ねていることになる。あながち迷信として切って捨てられないのは、昭和十年、この地を整地した際、鉄輪が発見されたという事実だ。

特段の名所でもなく、京都人ですら、この『鉄輪の井』の存在はあまり知られていない。知らず通り過ぎてしまいそうに、さりげなく潜んでいる路地。これが京都という町の奥深さなのである。

夕顔の石碑

この堺町通を少し北に上がると、同じく左側に源氏物語で有名な『夕顔の石碑』（地図F、G）が建っている。だがこれもまた民家の敷地内にあり、格子になった低い塀越しに見ることになる。「夕顔」といえば、夕顔の花がきっかけで光源氏に見初められ、愛人となるのだが、六条御息《みやす》所《どころ》の怨霊に呪い殺されるという悲劇的な最後を遂げている。立ち止まり、儚《はかな》げで可憐な印象が残る登場人物の面影を探す。ちなみにこの辺りは夕顔町という風雅な町名が付けられている。

そしてさらに北へ歩くと、今度は塗師屋町《ぬしやちょう》という町内に入り込む。おそらくは京漆器の職人が集まって住んでいたのだろう。その東側には足袋屋町《たびやちょう》というところもあるように、京都の町中には、職業を同じくする町衆たちが固まって暮らしていただろうことを窺わせて興味深い。竹屋町通には竹屋が、丸太町通には材木商が多く集まっていた。少し変わった京都らしい通り名に釜座《かまんざ》通がある。これは茶道具のひとつである茶釜を作る職人が多く仕事場を構えていた場所だ。

無言詣で

路地裏不思議歩き、最後にもう一箇所だけ辿っておこう。それは祇園祭にまつわる社『御旅所《おたびしょ》』だ。祇園祭は祇園『八坂神社』(地図F)の祭礼だが、その神さまは決まって旅に出られる。その宿となるのが『御旅所』。寺町通を北へ歩き、四条通に出たらすぐ東へ。大勢の客がバスを待つ停留所の前にその社はある。

京都三大祭りのひとつ祇園祭は七月十七日に山鉾《やまぼこ》巡行があり、その前夜が宵山……、とこの辺りは全国ニュースとなるので、大方には祇園祭はこの数日間の祭りだと思われているだろうが、実は七月一日の「吉符入り《きっぷいり》」という行事から始まり、三十一日に『八坂神社』の末社『疫神社』で「夏越《なごし》の祭り」が行われるまで、延々一か月にわたって繰り広げられる長期の祭りなのである。そして都人にとって大切なのは山鉾巡行が終わって後、二十四日に「還幸祭」が行われるまでの一週間だ。この間、『八坂神社』の中御座（スサノヲノミコト）、東御座（クシイナダヒメノミコト）、西御座（ヤハシラノミコガミ）と、三柱の神さまは『御旅所』に滞在される。

八坂神社の「御旅所」

特段、不思議はないように思われるが、この『御旅所』に神さまが滞在されている間にお参りすることに不思議が潜んでいる。名付けて「無言詣《もうで》」。文字通り無言で詣でることで願いが叶うというものだ。

神さまは『八坂神社』から四条通をまっすぐ西へ、四条大橋で鴨川を渡って『御旅所』へお越しになる。これと同じコースを辿り、家を出て『御旅所』へお参りして家に戻るまで、一切誰とも口をきいてはならないという決まりごとがある。それさえ守って通い詰めれば晴れて念願が叶うと言われている。これをして「無言詣で」というのだが、今も時折り見掛けるからその儀式は連綿と続いているのだろう。場所がら祇園町の舞妓や芸妓が多くこの「無言詣で」をしていると聞く。はたして何を願っているのか、無言ゆえ知るすべもない。

＊

鴨川と路地裏、対照的な二つのコースを紹介したが、「おひとり歩き」にふさわしいコースは他にいくらもある。文学を辿るもよし、句や歌を訪ねても、様々な愉しみがあるだろう。自分だけの行きつけのルートを作ってみるのもいいかもしれない。もしくはテーマなど決めずに勝手気ままに歩くのもまたよしだ。

気の向くまま歩き、気が向かなくなったら歩を止めればいい。すべてを決めるのは自分自身。誰にも邪魔されない代わりに誰も助けてはくれない。つまらなかったからと言って誰かのせいにすることもできない、それが「おひとり歩き」。

第二章　四つの文字で巡る京都

前章で京都ひとり歩きをおすすめして、追体験していただいたなら、そしてそれが京都を識《し》るよすがになったなら幸いである。さまざまなガイドブックを通じて、あらかじめ持っていた知識と照らし合わせ、一致しただろうか。それとも違っていただろうか。

京都というのは不思議な街、不可解といってもいい。京都で生まれ育って五十数年。それでも分からないことがたくさんあり、日々新たな発見もある。千二百有余年の間に培われてきた文化、重ねられてきた歴史、それはあまりにも奥行きが深く、表層的に見ていたのでは、なかなか真底まで辿り着けない。

閑話休題。さて年末恒例の行事「今年の漢字」、今年はどうなるのだろうか。清水寺の舞台を文字通り舞台にして、その年の空気を漢字一文字で表すイベントは、必ずと言っていいほどテレビニュースで映し出され、紙面を飾った。だがそこに悪名高き日本漢字能力検定協会が関わっていたとはついぞ知らなかった。

さすがにこのまま続行とはいかないだろうが、かと言って、今や年末の風物詩と化している行事がなくなるのも寂しい限りだ。多くが固唾《かたず》を飲んで見守る中、大きな筆を取り、墨痕《ぼっこん》鮮やかに一文字を書き上げる。「変」、「偽」、「命」、「愛」など、たった一文字の漢字だけでその年の空気を表す。漢字の持つ力強さをその度に思い知らされてきた。漢字というのは実に便利な、というか、イメージを想起させるのによくできた文字だとつくづく思う。

多くが使うだろうメール文中での（笑）や（汗）。この、たった一文字を使うことで、気持ちを表現できてしまう。多少強い表現の文章を書いた後であっても、これらの文字を付け加えれば、前段の文章を相当和らげることができる。これは漢字でしかできないことではないだろうか。

顔文字の（笑）や（汗）が漢字によく似ているのも興味深い。たったひとつの文字で、多くの空気を読めてしまう。それが漢字の最大の特徴だろう。

いったい京都とはどういうところなのか。それを漢字一文字で表せばどうなるだろうか。京都を思うとき、必ず頭をよぎる四つの文字を通して、その奥に潜むものを読み解きたいと思う。

コース仕立てにはなっていないので、それらを脳内でつなげてもいいし、実際に「点」と「点」をつなぎながら辿ってもいい。「おひとり京都」を愉しむために覚えておきたい「字」である。文字をテーマに京都を巡る。これもまた愉しからずやだ。

1. 水

「山紫水明」という言葉があるが、京都という地を歩けば、街中のいたるところで、その光景を目にすることができる。山は日に映えて紫に彩られ、川は澄んだ流れを作る。私事で恐縮だが、僕の母校『紫明小学校』の名はこの言葉に由来している。また、鴨川の畔、河原町丸太町近くにある、頼山陽の書斎は『山紫水明処』と名づけられている。

山は季節によってその彩りを変え、夏は緑、秋は紅、冬は白か茶色であって、紫色に染まるのは春先のこと。春霞に覆われた東山が、まるで舞妓の寝姿のように映る姿はなんとも艶やか。

一方、山と違って、川の水はいつも同じ色合いで都大路をさらさらと流れる。その第一は鴨川である。かつて白河上皇が、「天下の三不如意」のひとつとして加茂の水を挙げたほどの暴れ川だったことが嘘のように、今はゆったりと都大路を北から南に流れている。

白河上皇の見解と対をなすものとしては滝沢馬琴《たきざわばきん》の言葉がある。馬琴いわく「京に良きもの三つ。女子、加茂川の水、社寺」。

京都には大きく二本の流れがある。左京の鴨川と右京の桂川。この流れに囲まれた扇状地に目を付けたのが桓武天皇。決して水に恵まれているとは言い難い奈良の地から、京都へと都を移したのには、豊かな水を湛えると同時に水はけがいいという、土地の「水」の利があったからだと言われている。むろん、強大な力を持つ寺院を御しきれなくなったからなど、他の理由もあったのだろうが。

京の都を素通りして行った水

京の「水」の利ではたと思い当たったのが、奈良東大寺二月堂で行われる「お水取り」。千二百有余年続いているという行事は、奈良に都があった頃に始まっている。旧暦二月に行われていたことから「修二会《しゅにえ》」とも呼ばれ、今では三月十二日の深夜に『若狭井《わかさい》』から観音さまに供える「お香水」を汲《く》み上げる厳粛な儀式である。

ではその「お香水」がどこから来たかと言えば、『若狭井』の名が示すように、遠く若狭から送られてくるのである。

三月二日。若狭小浜の『神宮寺』で神事が行われ、『鵜《う》の瀬《せ》』と呼ばれる地まで松明《たいまつ》行列を組んで、そこから遠敷川《おにゅうがわ》に「お香水」を流し、遠く奈良東大寺の『若狭井』まで送られるのだ。

若狭小浜と言えば『鯖街道《さばかいどう》』の起点でもある。海から遠い京の都では新鮮な魚を入手するのが困難で、若狭小浜から運ばれてくる鯖は希少な海産物であった。朽木《くちき》、大原を経て出町柳辺りまで、その道筋を鯖街道と呼ぶ。となれば、おそらくは『神宮寺』から送られてきた水は、奈良東大寺に運ばれる際に京の都を通っているはず。京都にも同じように水が送られて同じような神事があったとしても何の不思議もない。

おそらく、水の豊かな京の都には「お香水」を送る必要はない。となって奈良へ送ったのではないだろうか、というのが僕の推測だ。

京都は水でできている。いつもそう実感する。鴨川をはじめとした川や、東、北、西と京都盆地を囲む三方の山から湧き出る水。さらには洛中のいたるところに点在する名水の井戸。町を歩けばすぐに「水」と出会うのが京都という地である。

その「水」の存在はきらきらと透き通った輝きで目を休ませてくれると共に、さらさらと流れる音で耳も癒してくれる。

鴨川の水辺歩き

そんな京都の美しさを際立たせている「水」と寄り添いながら歩く旅も一興だ。前章では上賀茂神社からスタートして、東へ西へと寄り道しながら歩いたが、「水」と寄り添うなら川から離れるわけにはいかない。賀茂川から鴨川へ、一年を通じて気持ちのいい散歩道だ。

賀茂川と高野川が合流する

洛北北大路橋辺りからスタートする。この界隈はごく最近河岸が整備され、以前よりも、うんと歩きやすくなった。右岸でも左岸でもいい。川の流れを間近に眺めながら南に向かって歩く。比叡山、大文字山と続く東山の峰々はなだらかな稜線を描いている。新緑を眺めながら、北から南に流れる水を追い掛ける。前章で書いたように、出雲路橋辺りから眺める比叡山、大文字山のプロポーションがもっとも美しい。ベンチがいくつも並び、芝生の広場もあるので、格好の休憩所となっている。

さらに南に下るとやがて葵橋、出町橋と短い間隔で橋が続き、賀茂大橋に至り、ここで高野川と合流し鴨川となる。賀茂大橋からは北を眺める。遠く北山の峰がそびえ立ち、その麓《ふもと》から流れてきた二つの川が合わさる。左には出町橋が見え、右側には高野川に架かる最後の橋、河合橋がある。すぐ北には世界遺産のひとつ下鴨神社と縁結びの神様であるその別社、河合神社がある。賀茂大橋からでも手を合わせれば霊験あらたか。

流れにいくつも置かれた飛び石は、子供たちには絶好の遊び場になっている。都人は子供の頃から、京都の「水」と親しんでいるのだ。

賀茂大橋からは今出川通を西へと辿る。目指すは『京都御苑』(地図B)である。かつては天皇のお住まいであったこの中にも幾つかの小さな流れがあり、水と親しむことができる。

京の名水

広い砂利道ではなく、東側の森に沿って作られた小道を南に向かって歩くと、やがて小ぢんまりとした社に出会う。これが『梨木《なしのき》神社』(地図B)。秋には萩祭りが行われることでも知られているが、この神社の一番人気は境内に湧き出る井戸『染井《そめい》の名水』だ。列が途切れるのを待って一口含めば、その味わいはまさに甘露。京都が「水」で作られていることを実感できるだろう。

夏になると必ず日本のどこかで水不足が起こる。テレビのニュースでは、干上がった畑や田圃《たんぼ》を映し、貯水率が日々下がっていくダムを追い掛ける。やがて取水制限が行われ、あるいは断水して、給水車に長い列を作るバケツが映し出される。大変な苦労だろうなと思うものの、京都に住んでいるとその実感は湧かない。生まれてこの方、京都で水不足を経験した記憶がないのだ。

梨木神社

先に書いた『染井の名水』をはじめとして、市内のいたるところに多くの名水がある。水の神とも崇められる『貴船神社』（地図広域）の「御神水」、『白峯《しらみね》神宮』（地図広域）の「飛鳥《あすか》井《い》」、『下御霊神社』（地図広域）の「ご神水」、『錦《にしき》天満宮』（地図F）の「錦の水」、『市比賣《いちひめ》神社』（地図F）の「天之真名井《あまのまない》」など、北から南へまっすぐ通る道沿いに、思いつくだけでもこれくらいはある。そしてこれらは神さまから賜るものなので、ペットボトルを持っていけば、ありがたく頂けるのだ。京都では他府県に比べてミネラルウォーターが売れない、というのは、こういうことに起因しているのかも知れない。

学説でも証明されたらしいが、京都盆地の地底深くには巨大な水甕《みずがめ》があり、その水量は驚くなかれ、琵琶湖の水量に匹敵するほどだという。

ただし、洛中のあちこちの井戸に湧き出ている名水は、地下数十メートルにも満たない浅いところから湧き出ているもので、水甕はそれよりもっと深いところにあるのだという。つまり京都盆

街中の路地では井戸が見つかる

地の地下では二段構えで水が貯えられているのだ。これだけでもすでに水に関しては恵まれた土地なのに、さらには東、北、西、と京都盆地を囲む三方の山々に降り注いだ雨水が、木々によって濾過《ろか》されて山から湧き出ているのだ。
と、水にまつわる話はここでも終わらないのだから、京都の人々の「水」に対する執着は尋常ではない。それはきっと、京都の主要な商いが「水」なくしては存在し得ないことを、都人は知っているからだ。

京の水と琵琶湖の素敵な関係

豆腐、野菜、和菓子、漬物、料理。頭に「京」を付ければすべてが京都名物になるこれらには良質の水が欠かせない。だからこそ、長い歴史の間、執拗なまでに「水」が求められてきた。その最たるものが琵琶湖疏水。

街中を流れる琵琶湖疏水の流れ

今はどうか知らないが、僕が子供の頃は小学校で習う歴史は三つあった。世界史、日本史、そして京都史。京都人が京都のことをよく識り、京都に誇りを持っているのは、この京都史を学んだせいだと思う。ちゃんと副読本もあって、その中に必ず出てくるのが琵琶湖疏水の話だった。

社会科の授業でこの琵琶湖疏水の話になると、先生も力が入るのか、生徒たちを水飲み場まで連れて行き、蛇口をひねって水を出した後、こう切り出した。

「この水は比叡山の向こう、琵琶湖から運ばれてきているのだ」

琵琶湖疏水を計画立案した第三代京都府知事北垣國道《きたがきくにみち》、そして見事に工事を完遂させた田邉朔郎《たなべさくろう》博士の名は、当時は京都の小学生なら誰でも諳《そら》んじていたものだ。

琵琶湖から水を引いてきて、京都の街に流す。多くの犠牲者を出しながら、この世紀の大工事を成し遂げたおかげで今日の京都がある。いくら深部に巨大な水甕があるといっても、それは非常用の防火水みたいなものであって、普段、毎日京都で使われている水は琵琶湖疏水から引かれているものなのである。

先に「食」を並べて、水が欠かせないと書いたが、それだけでなく、京の名所にもこの琵琶湖疏水が使われている。たとえば『東本願寺』（地図H）。ここには「本願寺水道」と呼ばれる防火用の専用水道が疏水から引かれている。あるいは『円山公園』（地図E）。ここは疏水の水が初めて庭園に引かれたところとして知られる。噴水用の水として使われ、現在も庭園内の池にもこの水が使われている。その他、『平安神宮』（地図A）、『京都御所』（地図B）の庭園に使われているのも琵琶湖疏水なのだ。

庭園と言っても、日本庭園には大まかに三種類の庭がある。ひとつは「枯山水庭園」。これは文字通り、枯れた庭。すなわち水を使わないもの。室町時代に禅宗の寺から始まったもので、主に白砂と石で構成される。禅僧がこの庭を見て思索に耽《ふけ》るためのものと思われる。

もうひとつは茶室の周りに配される「露地庭園」。茶席へ向かう途中、この「露地庭園」は日常から非日常空間へと誘うための装置と言ってもいいだろう。

そしてもっとも一般的な日本庭園が「池泉《ちせん》庭園」である。京都には多くの「池泉庭園」があり、そのほとんどは「池泉回遊式庭園」だ。すなわち池の周りを歩きながら観賞する庭のこと。

植治の手による平安神宮の庭園「神苑」

京都の「池泉庭園」を巡るとき、必ず覚えておいてほしいのが小川治兵衛《じへえ》という作庭家の名前である。近代日本庭園の先駆者と言われ、都人には「植《うえ》治《じ》」と呼ばれ、親しまれている。先の『平安神宮』も『円山公園』もこの七代目小川治兵衛の作品だし、大徳寺、仁和寺、高台寺にも「植治」の軌跡は残っている。ばかりか、南禅寺周辺の別荘庭園はほぼすべてが「植治」の作庭によるものだ。

あれもこれも、みな「植治」の庭。ならばどれもが同じような庭かと言えば、これが違う。それぞれが、それぞれの表情を持ち、異なった佇まいなのである。つまり「植治」は自らの作風を押しつけるのではなく、施主の希望に、あるいは趣旨にあった庭を作ってきたのだ。

それを示す好例が『洛翠《らくすい》庭園』。郵政民営化というおかしな波に翻弄された数奇な運命を持つ庭は、現在、残念ながら一般に公開されていないようだが、そもそもが京都ゆかりの藤田財閥創始者のために作られたものだった。

先に書いた琵琶湖疎水の工事を受注したのが財閥に属する「藤田組」。世紀の難工事を為し終えた藤田家のために「植治」が作ったのは、琵琶湖の形をそっくりそのまま模した庭だった。それは都人を代表しての感謝の気持ちを表したものだったという。琵琶湖があるから、今の京都がある。その架け橋を作った藤田家に対する心を庭園という形をもって表した。これこそが「植治」の庭なのだ。形式美を超え、心に訴え掛けてくるような庭園は、こんな「心」で作られている。

忠実に琵琶湖の形をなぞった池。不思議の極みは『琵琶湖大橋』と同じ場所にある石橋である。当然のことながら「植治」がこの庭を作った頃には琵琶湖大橋など存在していなかった。驚くことにこの橋が架けられたのは「植治」が没して三十年も経った一九六四年のこと。だが「植治」はそれをまるで予測していたかのように、ほとんど同じ位置に石橋を架けているのだ。琵琶湖を庭に見立てるなら、ここに橋があれば美しいと思ったのだろう。

水の神さま

話を「水」に戻す。水が多過ぎれば川が氾濫し都市機能が麻痺してしまう。だが水が足りないと農耕を始め、人の暮らしに多大な影響を与える。疎水のなかったころには、当然ながら日本各地で行われていたのと同じように、京の都で雨乞いの儀式が盛んに行われた。

往時の雰囲気を今に伝えるのは市内に大きく三箇所。水の神さまとして知られる『貴船神社』（地図広域）、歌舞伎十八番のひとつ「鳴神」の舞台となった雲ヶ畑『志明院《しみょういん》』（地図外）、そして弘法大師空海が雨乞いの祈禱をしたという『神泉苑《しんせんえん》』（地図I）である。

まずは洛北の山すそに鎮座する『貴船神社』。濁らずに「きふね」と読む。かの和泉式部も祈願に訪れ、見事成就したと伝わるほどの恋愛祈願の社だが、ここはまた水の神さまでもあり、今も毎年三月九日に雨乞いの儀式が行われている。「貴」は本来「黄」だったと言われ、玉依姫《たまよりびめ》が浪速の国から黄色い船に乗って、淀川から鴨川、貴船川と遡り、この地に至り着いて社を建てたと伝わる。ここには「水占い」のおみくじがある。最初は白紙に見える紙を水に浸けると文字が表れるというもの。緑豊かな参道は森林浴の趣があり、芯から心が洗われる。

『貴船神社』から直線距離でほぼ真西に五キロ。雲《くも》ヶ《が》畑《はた》にある『志明院』でも例年四月二十九日に雨乞いの儀式が執り行われている。天長六年に弘法大師が建立した由緒正しい寺院は岩屋山の中腹にあって、鴨川の水源地にあたる。鴨川の水は御所の用水として利用されたこともあり、皇室とも関わりの深い格式のある寺だ。山奥ゆえ、半端な道程ではないが、一度は訪ねてみたい水神さまだ。

貴船神社の「水占い」の泉

「鳴神」はその鴨川の水を力ずくで絶えさせた僧をめぐる物語。朝廷を逆恨みした僧が岩屋山に水の神さまである龍神を閉じ込めたことで鴨川が干上がってしまった。一計を案じた朝廷は、美女を僧の元に遣わし、色仕掛けで僧を惑わせ、龍神を救い出すというストーリーである。僧といえども「色」という煩悩には敵わないというのは古今を通じて変わらない。

「水」と縁の深い弘法大師は『神泉苑』でも雨乞いの儀式を行っている。二条城の南側にある真言宗の寺院『神泉苑』はかつては八万平米にも及ぶ広大な庭園だったが、家康が二条城を作ったときにここをお堀にしたため、規模の縮小を余儀なくされた。

十万年以上も前、京都盆地は大阪湾の一部だったと言われていて、この『神泉苑』と洛北深泥池《みどろがいけ》は、かつてここが海底だったことの名残だという説がある。ちなみに『御池通《おいけどおり》』の地名は、この『神泉苑』に由来するという。海から湖、そして池へ。太古の昔から京都の「水」に深いつながりを持ち続けているのが、この『神泉苑』なのである。

かつて鴨川では友禅流しが行われていた。その京友禅には「龍田川」や「青海波《せいがいは》」など水をモチーフにした紋様が少なくない。「水」は京都の美味を育んでいるだけでなく、「美」をも生み出していたのだ。

京都と言えば「水」。「おひとり京都」で、ぜひとも実感してほしい。

神泉苑

2. 祈

京都を京都たらしめているのはやはり社寺仏閣の存在である。「神さまと仏さま」。この両者が相俟《あいま》って京都という街を作っているといっても過言ではない。それが証拠に、京都に十七箇所ある世界文化遺産のうち、二条城を除くすべてがお寺か神社だ。

金閣寺、銀閣寺、清水寺など誰もが知る観光名所や「水」の項で触れた下鴨神社などがその代表だが、京都全体の寺社の数から見れば、これらはほんの一部に過ぎない。

都人にとって神社やお寺は観光に行くところではなく、日々「祈」を捧げる場なのである。元旦。初詣にお参りするのはまず近所の社。その後、願いに応じて名の知れた神社へ参詣するというのが通例だが、そんな特別な行事ではなく、京都に暮らす人々にとって「祈」は日々の暮らしの中に深く溶け込んでいる。

ご近所の氏神さまの前を通るとき、決して素通りしないのが都人である。時間があれば拝殿まで行ってお参りするが、急ぎの用がある折りは、鳥居の前から拍手《かしわで》を打ち、遥拝《ようはい》する。たとえ小さな寺であっても同じで、山門を通るときには宗派を越えて、必ず手を合わせる。どんなに急いでいたとしても、少なくとも目礼だけは怠らない。それは義務感からではなく、習慣がそうさせているのだ。

もっと身近な存在でいうなら、お地蔵さまがある。洛中の町内には必ずといっていいほど、どこかの一角に地蔵尊が祀られていて、その小さな祠を町内会が持ち回りで世話をする。花を手向《たむ》け、水を捧げ、涎掛《よだれか》けを洗い清め、草臥《くたび》れてきたら手縫いであつらえる。街角の地蔵尊は子供の守り神であるから、お菓子を供えて手を合わせる姿もよく見掛ける光景。

夏休みの最後を締めくくる行事としての地蔵盆、京都風に言う「お地蔵さん」も京都の街には根強く生き続けている。地蔵尊の周りに老若男女が集い、大きな数珠を回しながら「百万遍」を唱える。子供たちはお菓子を食べ、福引や金魚すくいに興じながら、「祈」の場に慣れ親しんでいく。

「祈」は「敬」に通じる。旅人には観光行事に映る「五山の送り火」も、都人にはお盆に帰っていらした先祖を無事に彼岸にお送りするための「祈」なのである。

道端のお地蔵さん

お送りする先祖をまずはお迎えしなければならない。第一章でも触れたように、東大路から松原通へ入ったところにある『六道珍皇寺』（地図F）では毎年八月七日〜十日、先祖の霊を迎える行事『六道まいり』が営まれる。この辺りは平安時代には葬送地、鳥辺山の入口に位置していたことから、あの世に通じる場所であるとされている。

夏の盛りの炎天下、都人は長い列を作ってご先祖さまを迎え、お盆の間、ひとときの滞在を終えたなら、身近な場所で送り火を焚《た》いてお送りする。大文字や鳥居の送り火はその象徴、代表なのである。ただ歓声を上げるだけではなく、そっと手を合わせたいものだ。

とは言え、京都人のすべてが悟りを開いて「祈」っているのではもちろんなく、むしろ煩悩だらけ。悩みごとや困りごとがあるときもまた「祈」るのである。

不況風を吹き飛ばそうとするならばお稲荷さんに詣でる。『伏見稲荷』（地図広域）の千本鳥居を潜れば商売繁盛間違いなしと信じる向きも少なくない。多くが願う縁結びもあれば、第一章で紹介した『安井金比羅宮』（地図F）のような縁切り祈願もある。

祈りといっても、寺と神社では根本的にその成り立ちは違うだろうが、都人にとっては寺も神社も同じく尊い存在。接する姿勢に何ら変わりはない。それだけでなく、京都にはキリスト教の教会も多く、そもそもが神仏習合どころか、すべての神を崇めることに何らためらいを感じないのだ。八百万《やおよろず》の神々をすべて受け入れていた京都は、外来の宗教にも寛容である。

とは言え、神社とお寺ではお参りの仕方が違う。祈りが通じるように、きちんとお参りしたいものだ。

神社にひとり参り

まずは神社から。

神社におわしますのは神さまだから、お参りするにはまず、穢《けが》れを祓《はら》わなければならない。そのためには「手水舎《ちょうずや》」で左手、右手の順に柄杓《ひしゃく》で手を清める。その後柄杓の水を左手に受けてそれで口をすすぎ、最後にもう一度左手を洗い清める。

穢れを祓ってから一礼して鳥居を潜るのだが、手水舎が鳥居の内側にある神社もあるので、その場合は鳥居を潜ってから穢れを祓うということになる。

鳥居は、仏教用語で言うところの結界に当たり、「俗」と「聖」との境界を表す印である。つまり鳥居の中は聖域というわけなので、ゆめゆめ立ち食いなどをしながら鳥居を潜ってはいけない。

ではあるのだが、祭り、縁日のときだけは別。一の鳥居を潜った境内に屋台が出て、そこではさまざまな和製ファーストフードが売られている。これこそが日本の神さまの鷹揚《おうよう》さを示す好例。普段はどんなに厳格であっても、祭りという非日常的な民衆の行事のときだけは、にこやかな笑みを浮かべ、すべてを大目に見て下さるのだ。

ちなみにこの鳥居には大きく二つあって、上の横柱が一直線になっているものを「神明《しんめい》鳥居」と呼び、両端が天に向かって反っているものを「明神《みようじん》鳥居」という。今ではほとんどが後者の形をしているが、鹿ヶ谷にある『大豊《おおとよ》神社』（地図A）や、鵺《ぬえ》退治で知られる『神明神社』（地図F）などには、石造りの「神明鳥居」が建っている。歴史が古いのはこの「神明鳥居」のほう。いずれにせよ、これら鳥居は本殿の真正面ではなく、少しだけ角度を付けて、平行にならないようにしてあるのが本来の姿である。これは神さまへの畏敬の念を表しているのである。この辺りの細やかな配慮は実に日本人らしいところだ。

さて、鳥居を潜ると参道が本殿に続くのだが、ここでもまた神さまへの配慮が必要だ。参道とは、神さまと人間をつなぐ道。参道の真ん中は神さまがお通りになるために空けておき、端っこを歩くのが正しい姿。

参道を進むと二の鳥居があったり、狛犬がいたりするが、それらの意匠にも着目したい。狛犬ならぬ狛ネズミだったり、狛サルだったりする。狛犬は神社を守っているので、それらには必ず謂われがある。大抵は案内板に書いてあるはずだが、もしもなければ社務所を訪ねて訊《き》けばいい。懇切丁寧に教えてくれるし、場合によってはその神社の縁起を記したリーフレットをもらえることもある。社務所は遠慮なく訪ねてみたい。

　さて、いよいよ拝殿の前。ここに神さまがおられるわけではなく、一番奥にある本殿におられ、多くはその姿を拝見することは叶わない。へりくだって拝殿から、その見えないお姿に向かってお参りをする。

　服装を整え、姿勢を正しまずはお賽銭《さいせん》。これはお参りする徴《しるし》であるから気持ちだけでいい。謹んで納める。後に、鈴があれば鳴らす。参りましたよという、神さまへの合図である。そしてゆっくりと二礼、二拍手。ご挨拶して礼を尽くす。ここで手を合わせたまま瞑目し祈りを捧げる。願い事があれば、心の中で唱える。祈り終えたら深く一礼。祈りを聞き届けていただいた神さまへの感謝の気持ちだ。

大豊神社「神明鳥居」と「狛ネズミ」

　伊勢神宮では八回、出雲大社では四回と、多く拍手を打つこともあるが、大抵の神社ではこの「二礼二拍手一礼」でいい。怪しげな占い師が「女性は音を立てずに拍手を打つ」などという間違ったことをテレビで言ったがために、時

市比賣神社

松尾大社

折り音を立てずに拍手を打つ女性を見かけるが、まことに困ったことである。これは「偲び手」もしくは「忍び手」と言って、神葬祭、すなわち神式で行われる葬儀の際に行うしきたり。通常のお参りの場合、男女を問わず音を立てて拍手を打つものだ。

参拝を終えたら、お札やお守りを買い求めるのもいいし、境内を散策してもいい。

ひとり参りの神社、おすすめは女性の守り神『市比賣神社』（地図F）、男性向きなら、お酒の神さま『松尾大社』（地図広域）。どちらも名水パワーによるご利益が大である。

お寺にひとり参り

お寺と神社。その形は違えど、心根に大きな違いはない。神社と同じように参拝すればいい。お寺で鳥居にあたるのが「山門」。ここもまた「俗」と「聖」の結界である。なぜ「山門」かと言えば、古くお寺は山中に開かれていたからで、今もその名残から山にある寺でなくとも総じて「山門」と呼ぶ。ちなみに『建仁寺』などの禅宗寺院では「三門」と呼ぶが、これは「無願」「無相」「空」の三つの悟りへの入口として表すものである。

「山門」を潜ってから「手水所」で清めるのは神社と同じ。神も仏も穢れを嫌う。神社になくて寺にあるものと言えば「香炉」。まれに境内で香を焚くところもあるが、大抵の神社にはない。香を身にまとい、あるいは線香を供え、蠟燭《ろうそく》を供える。本堂でお参りする際も気持ちは神社と同じ。唯一の違いと言えば、拍手を打たないことくらいだろうか。畏敬の念を持ってお参りすればいい。

民家に挟まれている千本釈迦堂

星の数ほどもある京都のお寺。どこを訪ねてもいいのだが、ひとつだけ、と言われればおすすめは『大報恩寺《だいほうおんじ》』、通称『千本釈《せんぼんしゃ》迦堂《かどう》』（地図D）だ。北野天満宮にもほど近い、西陣のど真ん中に建っているので、境内への入口が民家に挟まれている風情がいい。十三世紀初め頃の創建。本堂は創建当時のままだという。本堂の柱には応仁の乱の際に付けられた刀傷が残り、意外に知られていないが、京都でも屈指の美しい仏像が拝観できる。

鎌倉時代、定慶の作と伝わる観音像が六体並ぶ様は圧巻。「聖」「千手」「馬頭」「十一面」「准胝《じゅんてい》」「如意輪」。これらの観音さまは死後、六道の苦しみから救ってくださるという有難い菩薩さまだ。

近年、仏像がブームだという。それも若い人たちがこぞって仏像に興味を持ち始めたのだそうだ。何よりだとは思うが、ブームに終わらせず、地に足の着いた形で続いてほしいと願う。解説書なども多く出版されているようだから、ここでは多くを語らない。

現存する唯一の麗《うるわ》しき『六観音』を見た若い女性が、「ひとりメンバーが増えたＳＭＡＰみたい！」と黄色い声を挙げた。言い得て妙と言えなくもないが、何とも複雑な心境でその言葉を聞いた。

このお寺にはもうひとつ、都人にこよなく愛されている人物？　がいる。それが『おかめさん』。本堂の脇ににっこりと微笑んでいるのがそれ。『おかめ塚』と呼ばれている愛らしいブロンズ像だが、そこには哀しくも麗しい夫婦の物語がある。

時は鎌倉中期。釈迦の十大弟子像を安置しようと、求法義空《ぐほうぎくう》上人が大報恩寺を創建する。

上人は本堂を建立するにあたって、当時名大工として名声を馳せていた長井飛騨守高次を総棟梁として選んだが、そこから悲劇が始まる。

高次は何百人という大工の頭として采配をふるうが、あるとき、何を勘違いしたのか、本堂を支える親柱の四本の内の一本をうっかり切り落としてしまう。

どう解決しようかと途方に暮れる高次に、妻の阿亀《おかめ》は「切ってしまったことは仕方ないやないかいな。柱を短く揃えて、桝組《ますぐみ》を入れて高さを合わせればええやないか」とあっさり言い放ったという。

おかめ塚

その通りにすると、失敗作とは誰にも思えないような、端正な本堂が完成した。だが阿亀は「女の浅知恵を借りて完成させたと言われては、名大工と言われた主人の恥になる」と自害して果ててしまったのだ。

この話を聞いた大工たちは大いに感動した。その中で、洛中三条の名大工と言われた池永勘兵衛が、「おかめ」の供養塔を建立したと伝わっている。その後、京都では棟上げに際して「おかめ御幣」を飾り祀るようになり、今でもその風習は続いている。ちなみに今から三十年ほど前、我が家を新築する際の大工の棟梁も、棟上げのとき、この御幣を屋根裏に飾ってお神酒《みき》を捧げた。

鎌倉時代のエピソードが、まるで昨日の出来事であるかのように、今に伝わっている。それが京都という街なのである。

京都で「この前の戦争」と言えば「応仁の乱」というのは言い尽くされたジョークだが、その名残をとどめているのがこのお寺。応仁の乱の戦火を免れた建築は、現存する洛中最古のもの。『大報恩寺』、通称『千本釈迦堂』をおすすめするのは、そんな古の京都を実体験できるからだ。

マイ守り神を見つける

氏神さまはもちろんのこと、都人はそれぞれにマイ守り神を持っている。そのきっかけは人それぞれ異なるだろうが、たとえば初詣。まずは近所の氏神さまへお参りした後、心に秘めた社へと詣でる。

あるいは、日々の暮らしに疲れたとき、行き詰まったとき、困りごとに助け船を出してほしいと願うとき、決まって訪ねるお寺がある。

何かをきっかけにして、お社、お寺、自分の守り神だと信じて疑わない寺社を、必ず胸に潜ませているのが京都の人々。僕の場合は、不思議としか言えないような巡り合わせから守り神を決めたのだった。

三面大黒さまのことは前章で書いた通り。人間と一緒で、神さまにも、ひと目惚れというものがあるのだと、このとき初めて知った。

正面は大黒天、左は毘沙門天、右は弁財天。ということは七福神の内の三人が合わさったことになる。大黒さまといえばインド出身だが、この三面大黒さまは日本生まれだとも聞いた。

大黒さまは、その字面から「大国主」と混同されることがあり、神仏習合の象徴ともいえる存在。豊穣、財福、食物の神さまとして知られている。

毘沙門天と言えば別名「多聞天」。よく聞く耳を持ち、最後は必ず勝つという勝利の神さま。上杉謙信は自らを毘沙門天の生まれ変わりだと言って軍旗にも「毘」を記したほど。事の良し悪しは別として、イラクに派遣された自衛隊の装甲車側面に「毘」の字が書かれていたのは記憶に新しい。

弁財天は言わずと知れた、七福神唯一の女性の神さま。音楽、芸能、文芸、諸芸全般を司る神さまだが、財の字が入っていることから財宝の神さまとしても崇められている。これらすべてのご利益がある、と思うと、これほどにありがたいことはない。対面してすぐに、守り神と決めた。

後にこの三面大黒さまは、秀吉も守り神としていたと聞いた。それ故、秀吉ゆかりの東山『圓徳院』にも、秀吉が建立した『方広寺』（地図F）にも、この三面大黒さまが祀られているのだ。僕はその姿を描いたお札を神棚に置き、毎朝お神酒を供え、祈りを唱えている。

ところで、そのお神酒を供える際の神盃は洛北松ヶ崎、『新宮《しんぐう》神社』（地図広域）のものである。と言っても、この社は都人の多くにすらあまり知られておらず、ましてや観光ガイドに載っていることなどまずない。だが僕はこの神社へ毎年元旦に訪れ、去った年を無事過ごせたことを感謝し、新たな年の無事を願うのだ。

この『新宮神社』との出会いもまた不思議なものだった。

孟母三遷《もうぼさんせん》ではないが、子供の教育を第一にしていたことから、何度も引っ越しを繰り返していたある年。洛北下鴨に居を移した初めての正月に地元松ヶ崎にある「大黒天」へ初詣を試みた。勘を頼りに徒歩で向かい、目指す石の鳥居を潜り拝殿で手を合わせた。だが、どうも様子がおかしい。幼い頃に訪ねた記憶ではもっと大きな社だったと思うのだが、境内も狭く、何より肝心の大黒さまの姿が見当たらない。

子供に大黒さまの姿を見せようと、社務所を訪ね巫女《みこ》姿の女性に「大黒さまはどこに？」と問うと、「ぷっ」と吹き出した後、厳かに言われた。

「ここは『新宮神社』と申します。大黒さまがおられるのはもっと東にある『妙円寺《みようえんじ》』です」

そうやさしく言いながら、せっかくだからお神酒をどうぞ、となり、一献賜って干支が描かれた神盃を授与された。

むろんその足で『妙円寺』（地図広域）へお参りに行ったのだが、これも何かの縁と思い、再訪を誓いつつ帰途に着いた。と、長女が体の異変を訴えた。歩くのも辛そうに顔をゆがめる。正月休みが明けるのを待ち兼ねて受診した結果、手術が必要な病が見つかった。長時間歩いたせいでその症状が出たのだろうと、迷い込んだ『新宮神社』のご利益と感じた。

今年で十三年を数える『新宮神社』への初詣は、おおむね八時前後。必ずひとりで訪ね、干支の神盃を賜って神棚に供えるのを新年の恒例としている。絵替わりの干支盃も十三枚を重ねた。

上賀茂神社、宝ヶ池からもさほど遠くない『新宮神社』はイザナギ、イザナミ、サルタヒコの三柱を祭神としている。観光とは無縁の静けさと厳粛な空気を湛え、「おひとり」参りには最適の神社だ。

洛中洛外に数多く建つ「祈」の場、そこには都人それぞれの思いが込められている。そしてそこで「祈」を捧げる都人の存在が京都を清め、美しさを編み上げているのである。

3. 憩

「ぼちぼちここらで、いっぷくしよか」

「そうどすなぁ。ちょぼっとしんどなってきましたしな」

そんな会話を交わしながら喫茶店のドアを押す。京都ではよく見掛ける光景だ。今風のカフェも増えてはきたが、主流はやはり昔ながらの喫茶店。まったりとした味わいのコーヒーにほっこりひと息。都人は何より「憩」の時間を大切にするのだが、それは長い時間によって刻まれてきた歴史と大きな関わりがある。「憩」には休息という意味合いも含まれてはいるが、肝心なのは人と人のつながり、すなわちコミュニケーションツールとしての場なのだ。応仁の乱がその代表だが、京都は幾度となく戦いの場となってきた。その度に敵と味方が入り乱れ、はてこの人は敵なのか味方なのか、分からなくなることもあったと言う。京言葉の大きな特徴である曖昧《あいまい》さは、ここに由来している。

京都人同士の知り合いが出会い頭、

「お出かけどすか？　どちらまで？」

「へえ、ちょっとそこまで」


出かける先を問い掛けたほうも端《はな》から答えなど期待していないし、問われた側も相手が行き先を訊《たず》ねているとは微塵《みじん》も思ってなどいない。だがこれで充分お互いの気持ちは通い合っている。会話の内容はさておき、そこで立ち話をすることで、お互いが敵対関係にはないことを確かめ合うのだ。

互いに友好関係を築きながらも、その距離感に人一倍気を使うのが京都人の大きな特徴である。たとえば「門掃き」という習慣。掃除好きな都人はしょっちゅう家の前を掃き清めるのだが、その際、両隣の家の前も一尺ほど一緒に掃いておくのである。境界線で止めてしまうと冷たいと思われ、一尺以上掃くと厭味《いやみ》ととられる。西陣辺りの街角を歩いていて箒《ほうき》で掃いている人を見掛けたらぜひご覧あれ。

「憩」の場は洛中のあちこちにある。たとえば、やはり市内の中心部を流れる鴨川。桜の頃からは流れを眺めるだけでなく、飛び石を伝って渡ったり、時には流れに入り込んで笑顔を浮かべ合う。

『京都御苑』しかり、寺や神社の境内も京都人には「憩」の場となる。

ちょっといっぷく

「憩」の場は街角の場合もあれば、茶店のこともある。茶を喫しながらたわいもない言葉を交わす。そのような文化があるから、京都の店で出されるお茶やコーヒーは相当にレヴェルが高い。あるいは家で淹《い》れるにも細心の注意を払い、茶の質は当然のこと、湯の温度、茶器にもこだわる。そうしなければ客人は軽んじられたと思うのである。

と言いながら僕は、街場での「お茶の時間」が苦手である。買い物、お参り、物見遊山。多くはその合間に必ずといっていいほど小休止をする。茶店やコーヒーショップに入ってひと休み、となるのだが、僕にはどうも苦手だ。まずはその時間がもったいないと思ってしまう。その時間があるのなら、もう一箇所見ておきたい場所があるのに、いや、それなら時間を早めて夕食にする、とか、どうせなら一献、となるのだ。誘われて入り込んだものの、イライラして「憩う」どころではない……のが僕の「お茶の時間」。だが、そんな僕でも、ここだけは素通りできないという店が何軒かある。

「日本一の旅館」だと僕が断じる『俵屋《たわらや》』のすぐ近くに、この宿が営むスーヴェニールショップ『ギャラリー遊形《ゆうけい》』（地図F⓬）がある。ここには『俵屋』で実際に使用されている寝具や部屋着などの他に、当代主人がデザインした美しい品々が多く売られている。「和」と「洋」が見事なまでにバランスを保つ雑貨類は、京都に住んでいても目移り必至。お土産には最適だろう。「ぶぶあられ」や「干菓子」、オリジナルのお酒など食品もあって愉しい。一躍有名になった石鹼や匂い袋などは僕には欠かせない香りグッズで、「おひとり」なら、あちこち行かずに、お土産は自分向けも含めてこの店に絞ってもいいほどだ。

その『遊形』のすぐ傍にあるのが『遊形サロン・ド・テ』（地図F⓭）。ここなら僕でも、時間を惜しむことなく、ゆっくりと「憩う」ことができる。

まずもって、その佇まいが美しい。ファサード、エントランス、家具調度。すべてため息が出るほど美しい。店の一番奥にある坪庭の見せ方、あるべき場所にきちんと置かれた椅子やテーブル。アンティークの家具に飾られた品々。どれもが慎重に吟味し尽くされただろうことが手に取るように分かる。このスペースを作り上げた感性、美意識たるや尋常ではない。

空気がそうであるように、ここで出されるお茶、お菓子にもまた同じ感性が貫かれている。

たとえば、『俵屋』でお着きの菓子として出されることもある「わらび餅」。『俵屋』の敷地に湧き出る井戸水を使って淹れたお茶とのセットは、立派な旅の句読点。この空間で、この茶菓を口に含む幸せは何物にも替え難い。他にも、かつて木屋町三条近くにあって、今や伝説の店と化した『カフェ・リドル』直伝の「ブランマンジェ」など、口福は尽きない。『俵屋』には泊まらずとも、その片鱗《へんりん》だけでも窺える。

京極スタンド

さて、見知らぬ者同士が「憩」うとなると、やはりそこにはお酒の介在が不可欠となる。都人にとってオアシスとも言えるのは新京極通の四条通を少し北に上がったところにある『京極スタンド』（地図F⑭）。

かつてこの界隈に映画館が建ち並び、それが唯一の娯楽だった頃から、この店は「憩」の場を提供し続けている。

お昼の開店と同時に次々と入っていくのは多くが年輩者だ。店の奥に据えられたテレビを見ながら、たまさか隣り合わせた客とおしゃべりする。その様子が実に愉しそうなのである。とかく敷居の高さが喧伝される京都だが、この店に入ればそればかりの街ではないことをお分かりいただけるだろう。

京都の「憩」。それは人が人らしく生きるためのひととき。旅人にはこれもまた美しい光景として映ることだろう。

4. 艶

人はなぜ京都に憧れ、京都を訪れるのか、その訳は京都が「艶《つや》」っぽいからではないかと思っている。

「艶」は「色」。古来、京の都には様々な「色」が交錯してきた。千年紀を過ぎ越した「源氏物語」の「色」もあれば、鴨川を彩る友禅流しもあった。「色」には無色もある。無色透明の「艶」。さらさらと小さな流れを作る西高瀬川の水面《みなも》。町家の軒先を滑る雨粒。「色」のない「艶」もまた美しい。だが花の「艶」にはかなわない。

たとえば春。桜の頃ともなると、朝から晩まで京都駅は人で溢れ返り、ホテルや旅館はひとつとして空室を作らない。デパ地下や駅の弁当売り場では押し合いへしあいして花見弁当を奪い合う。桜の名所に程近い料理屋やレストランの前には長蛇の列ができる。日本中桜が咲かない地はないだろうに、なぜ京都の桜なのかと言えば、きっとその答えは「艶」という一文字が重なるからに他ならない。京都の桜は「艶桜」なのだ。

巽橋と桜

——清水へ祇園をよぎる桜月夜こよひ逢ふひとみなうつくしき

そう与謝野晶子が詠んだように、京都の桜は人を美しく彩る。清水寺から祇園へ辿る道筋ばかりではもちろんない。

花見小路新橋。白川の小さな流れに架かる巽橋《たつみばし》畔に建つ『辰巳稲荷』（地図F）近辺の枝垂れ桜ほど艶っぽい桜はない。


——かにかくに　祇園はこひし寝るときも　枕の下を水のながるる

吉井勇が詠んだ情景がそのままに残る祇園白川には桜の花びらがさらさらと流れて行く。

あるいは洛北鷹《たか》ケ峰《みね》『常照寺《じょうしょうじ》』（地図広域）の山門前で小さな愛らしい花を咲かせる豆桜も、思わず撫《な》でてみたくなるほどの「艶」姿だ。

桜の名所を教えてほしいと言われて、はたと困り果てるのが京都人。あまりにも多過ぎて選びかねてしまうのだ。名も知らぬ寺の境内に咲く一本桜。町家の塀を越えてたわわに枝を伸ばす八重桜。町中のいたるところに「艶」桜が咲いているのが京都。

桜色が緑を経て、紅く染まる頃、また人は京都を目指すことになる。桜と同様、木々が葉を紅く染めない地は無いのにである。

桜が散り初めなら、紅葉は色づき始めた頃がもっとも美しい。春は里から、秋は山からやってくる。洛北の奥深く、牛若丸が修行を積んだ鞍馬寺の辺りが葉を紅く染め出すと、侘《わ》びた山が俄然《がぜん》「艶」っぽくなる。上賀茂、下鴨と少しずつ紅色が広がって行く。だが、「艶」は紅だけではなく黄色い葉もまた「艶」を帯びる。

京都には珍しいほどの広い通りである紫明通や堀川通のグリーンベルトに植えられた銀杏が黄色く染まる

宮川町の風景

石塀小路の風情

姿も青空に映えて「艶」っぽい。

桜色の花びらもしかりだが、紅にしても黄にしても、色付いた葉はきっと散り行く定めにある。ひとときの命ならばこそ美しく「艶」を見せる。京都という街はどこかにその「ひととき」を輝かせる力を持っているのだろう。

「艶」と言ってしかし真っ先に思い浮かべるのは花街の存在。祇園に二つ、宮川町、先斗町、上七軒《かみしちけん》と、京都には五つの花街があり、その色香を競い合っている。京都でもっとも古い上七軒、親しみやすい宮川町など、それぞれに特徴があるのだが、実際に舞妓、芸妓の姿を多く見掛けることができるのは祇園界隈。

花見小路辺りを歩いていて、舞妓姿を見掛けると誰もがカメラを取り出しシャッターを切る。あるいは携帯をかざしてレンズを向ける。それほどに「艶」やかなのである。

舞妓、芸妓でなくとも花街では「艶」姿を見掛ける。何軒ものお茶屋が軒を並べ、客を送り出す着物姿の女将《おかみ》は凛として「艶」やか。夜の静寂に包まれた『石塀小路《いしべこうじ》』（地図E）や宮川街の石畳。暗闇にもかかわらず「艶」っぽい。祇園の夜は艶やかに、静かに更けていく。

第三章　京都ひとりランチ

1. おひとりランチの店選び

京都「食」店事情

相変わらずの京都ブームである。雑誌の京都特集はますますディープになり、京都本はワンテーマに絞り込んで軽量化したものが目立つ。つまりは総花的にざっと京都を見せるのではなく、テーマ、もしくはエリアを絞り込んで紹介しようというものが主流になってきたのである。ハンディサイズが主流ということは、豆知識的なもの、マナー集など、常に持ち歩くことが前提の実用本が主体になっているのだろう。

旅の重要課題である「食」についても、当然この流れに沿った形になってきており、およそ観光客とは無縁に思える地元のディープ店を特集する雑誌もあれば、京都に住んでいても滅多に足を運ぶことのない高級料亭や割烹《かっぽう》に的を絞りこんだ本も出版されている。あるいはシーン別に、朝、昼、晩と分けてみたり、デート向きや接待向き、ファミリーを対象にしたものなど、細かな分類がなされている。一見するとバリエーションが多くなったように見えるのだが、実は以前とあまり事情は変わっていない。エリアもジャンルも広がり、細分化されたのに、相も変わらず偏った店紹介。

あの店がいい、そう聞いた観光客が雪崩《なだれ》を打ってそこに殺到する。今度はこっちだといえば、こぞって移動する。何年も前から続くこの飲食店における雪崩現象は、衰えるどころか、ますます増えているように思える。

祇園下河原の「親子丼」ブームが一段落したと見えるや否や、替わって行列が目立ってきたのは『岡崎』の「カレーうどん」。つい二、三年前までは地元民だけが通う店だったのに、近頃はかなりの時間並ばないと食べられない人気店になってしまった。言うまでもなく、その原因はマスメディアの集中取材だ。

テレビにせよ雑誌にせよ、グルメ特集は一定の数字を見込めるドル箱的存在なのだが、いかんせん情報力はどこも不足している。いきおい他誌や他局の後追い取材という形にならざるを得ないのが悲しい現状だ。つまり、はっきり言ってしまえば〈パクリ〉だ。

どこが先鞭を切ったのか、今となっては知る由もないが、どこかの雑誌がこの店のカレーうどんを「京都一旨い！」と書いた。それをパクった他誌が、「関西一！」と言い出した。こうなると、もうとどまるところを知らない。どこの雑誌を見ても、カレーうどんと言えば

『岡崎』となってしまった。ほんの少し前までカレーうどんなら『河原町六角』だったのだが……。

ふらりと立ち寄って、何度かこの「カレーうどん」を食べたことがあるので、その旨さを否定するものではない。たしかに街場のうどん屋ではかなり旨い部類に入る。ただ辛いだけでなくスパイスがよく効いているのが一番の特徴だろう。だが、このレヴェルのカレーうどんを食べられる店は京都中に何軒、何十軒とある。なのになぜこの店だけが、と僕は思うのだ。各誌で絶賛しているライターたちは、何軒もの店でカレーうどんを食べ歩き、比較検討した結果、関西一と断じたのだろうか。

おそらくは他誌の請け売りだろうことは、その記述で分かる。多くのライターたちがこの店の「カレーうどん」が旨い理由にカレールーの存在を挙げているのだが、それを「〈インディアンカレー〉のカレー粉を使っているからだ」と言葉を揃えているのが不思議と言えば不思議な話。

たかがカレーうどんではあるが、やはりマスメディアという公器で発表する以上はきちんと検証した上で、書くべきである。店側の言い分を検証することなく、そのまま掲載している雑誌をよく見掛けるが、それは店紹介ではなく店宣伝になっていることに気づくべきだろう。

僕もこの「インディアンカレー」のパウダーは好きだ。カレー鍋を作るときは必ずこの粉を使うくらいのファンではあるが、だが他にも比べるべきカレー粉は幾つもある。「ＭＤＨ」「ギャバン」「コスモ」「サンブランド　マドラスカレー」。食品専門スーパーの棚でもこれくらいは並んでいる。「中村屋」という手もあるし、業務用となれば、もっと多くの選択肢があるに違いない。それらの味を知り、比較した上で、

「〈インディアンカレー〉を使っているから美味しい〈カレーうどん〉ができるのだ」

と書くのならいい。だが、調理過程を取材し、主人から聞いたこととして書くならまだしも、他誌の記事を引用しての言葉ならあまりにも情けない。

なぜこういうことになるのかと言えば、マスメディア媒体の数に比して、真っ当なフードライターが圧倒的に不足しているからである。

書評や舞台批評などと比べれば、その違いがよく分かるだろう。本を読むことや舞台を観ることは誰にでもできる。だからこそそれを書くとなると、多くの経験を積み、比較検証する能力を身につけなければならない。彼ら彼女ら批評家たちは、多くの書物と格闘し、あるいは数多くの舞台を観るためにどれほどの努力をしていることか。だからこそ、虚心坦懐《きょしんたんかい》に

批評できるのだ。それに比して、食の分野における取材があまりにも安易なのに、我が身を省みず、つい苦言を呈したくなる。

食べる、という行為も人間なら誰でも可能だ。だがただ食べるだけではなく、その味わいを不特定多数にきちんと伝えようとすれば、それなりの努力が必要だ。味だけではない。その店の背景、佇まい、店に流れる空気、器遣い、店主の人柄、客層などなど。見極めるべきことはいくらもある。

食を書くのであれば、少なくとも自腹で何軒かは食べ歩くべきだろうし、食材にも普段から注意を払うべきである。さらには料理を作ってみることも大事なことだ。そういった経験を積まずに書くから請け売りになってしまう。

やれ何万軒食べ歩いただの、毎日三食外食だ、などと自慢する向きが、この業界では幅を利かせているが、それもまたおかしなことだ。たまには自分で食材を買って、料理してみなければ、店で食べる料理がどの程度のレヴェルなのか分からないではないか。何かと言えば「すごい!」を連発して絶賛している料理とて、作ってみれば存外簡単だったと気づくこともあるだろう。普通の人間の食べる姿勢とあまりにかけ離れた食生活を続けている人間の舌など信用できるわけがない。

店の広報係と化しているガイドを信用すると痛い目にあうのは、何も京都に限ったことではないのだが。

祇園ブランド、京ブランド、京町家

『京料理の迷宮』（光文社新書）から五年、『極みの京都』（同）を著わしてから二年が経った。両著ともに京都の「食」について多くのページを割き、何軒もの店を紹介したが、この五年の間に京都の飲食店事情は劇的に変化したと言ってもいいだろう。新規オープン店は数知れないが、その陰で、ひっそりと店仕舞いしたところも少なくない。この間の傾向をひと言で言い表すなら「一極集中」だろうか。住宅街から繁華街へ、それも祇園への出店が集中してきた。

その理由はいくつか挙げられるが、まずは土地価格の下落に伴い、中心部に出店しやすくなったこと。そしてもうひとつは飲酒運転の厳罰化で郊外店は車で来る客を見込めなくなったこと。そして何より、祇園ブランドの付加価値が驚くほど高くなったこと。大きくはこの三点だ。

だが京都という土地において、祇園という街は特別な意味を持っている。その位置づけを理解せぬままに郊外や府外から移転してきた店をどう評価するのか。悩ましいところだ。

洛北の商店街の外れにあったときは、それなりに価値ある料理店だと思われていても、祇園に移転して、その土地の名を冠した店となると話は別だ。京都人にとって、何より気になるのは、「京」ブランド、「祇園」ブランドの濫用なのである。

京都の中だけではなく、お隣の滋賀県から移転してきて店を開くことも増えてきた。滋賀県というささか鄙《ひな》びた地にあっては、割烹にせよフレンチにせよ、なかなか正当に評価されにくい。京都、それも祇園に出て勝負したいという気持ちは充分に理解できるし、近江ファンの僕としては、大いにエールを送りたいところだ。問題はその内容と店の名にある。まるで近江を捨て去ったかのように、京都の色を前面に出す店には大きな疑問が残る。近江ならではの食材、特色を生かし、近江を誇らしげに謳う店になぜしないのか。

先年、祇園花見小路近くに『鮨まつもと』（地図F⑮）が店を開いた。東京は新橋の名店で腕を磨いた主人が、満を持して開いた店だ。鯖寿司に代表されるように、京都は上方寿司の街である。本格的な江戸前鮨を出す店は京都でごくわずかだったのが、この『鮨まつもと』の出現によって、一気に関西でも江戸前鮨の認知度が高まった。京都の、それも祇園のど真ん中に江戸前鮨を持ち込んだ功績は決して小さくない。

だが、この店のどこにも「京」の文字はないし、「京」の空気も漂っていない。この店に流れている空気はお江戸そのものだ。それだからこそ価値がある。もしもこの店が「京まつもと」などという店名を付けて、いかにも京都祇園といった空気を漂わせていたなら、僕はきっと足を運ばなかっただろう。

京都、それも祇園に店を出すならこうあってほしい。繰り返し述べてきたことだが、京都にある店なら「京」を店名に冠する必要などまったくないはずだ。腕に自信があれば「京ナニガシ」だとか「京都アレコレ」などという不粋な店名を付けるはずがないと僕は思っている。ましてやそれが他府県からの参入店だとすれば、何をか言わんやだ。「京」を冠した店名の中華料理店、「京都風」などと訳の分からない意を標榜《ひょうぼう》するイタリアン。僕にはまったく理解できないのだが、両店とも予約が取りづらいほど賑わっていると聞いた。

坂本龍馬が暗殺された老舗醤油屋は、その屋号を「近江屋」と名乗った。京都には古くからこの「近江屋」を名乗る店が多くあり、近江という郷土に誇りを持って商いを始めたことがうかがえる。あるいは京都で一番の老舗と言われる蕎麦屋、『本家尾張屋』（地図G⑯）は、その名の通り、尾張から京都に出て来て店を始めた。

京都で一旗揚げようとする、その意気込みや大いに良し、だ。ならば、出身地である郷土に誇りを持ち、その地名を冠するくらいの矜持《きょうじ》を持つべきだろう。「京」の一文字は重い。「おひとり」であってもなくても、これだけはぜひ心に留め置いてほしい。

京都の中の祇園。それは日本中、いや世界中の憧れの的と言っても過言ではない。聖地とも言える場所の「食」となれば、誰しもが本物を求めるだろうことは間違いない。ここで店を開くのであれば、それだけの覚悟を持ってほしいと切に願う。

今秋には彼《か》の赤いガイドブックが関西版を出版すると聞いて、賛否入り乱れて京都の街も喧《かまびす》しいことになっている。

多くの心ある店は、星の数で格付けされることを辞した。極めて真っ当な考え方だと思う。大阪はともかく、京都の店は三段階で評価できるほど単純なものではない。それぞれがそれぞれの価値観に基づいて店を開いているのであって、それは星の数とは無縁の世界である。もしもそんな本が出版されたとしても、ゆめゆめ京都の店を星の数で選ぶような愚かな真似はしないでいただきたいものだ。

もう一点、注意すべきは店の佇まいにもある。それは「京町家」だ。とどまることを知らない町家ブームに乗って、いかにも古くからあったような俄《にわ》か町家店には要注意。舞台の書き割りよろしく、急ごしらえの店構えは中身の貧しさを包み隠す装置だと思ったほうがいい。ただこれもまた真贋《しんがん》の区別が付きにくい。一見したところ、同じような町家料理店であっても、一方は古くからある真っ当な店。片や俄か仕立ての似非《えせ》町家料理店。その見分け方はここでも「京」の露出度だろう。くどいほどに「京」の文字が溢れていれば似非と断定していい。やっかいな時代になったものだ。

2. おひとりランチのおすすめ店

さて、ひとり旅をしていて、もっとも悩ましいのは食事である。普段からひとりご飯に慣れていればいいのだが、会社のランチタイムでも必ず誰かと連れ立って行くという向きには、旅先でのひとりご飯は耐え難いものだと聞く。ひとり旅はしてみたいが、食事が……という声は多い。いわく、まずもって店に入る勇気がないと。ましてやそれが京都となれば尚更のこと、となる。

京都に生まれ育って五十有余年。閉鎖的な社会に見える街だから、その気持ちは分からなくはないが、いくつかの勘所さえ押さえておけば、意外に快適な食事を愉しめるはずだ。まずはお手軽なランチから。

夜に比べれば昼の「おひとり」はあまり目立たない。どんな店に入り込んでも不愉快になることはまずないはずだ。が、しかし、できれば避けたい店もある。その第一は「マダム御用達のセレブ店」だ。

バブル期以降、急速に増殖してきたのがランチマダム。主人が節約弁当を街角で買い求めている、ちょうどその頃、奥様方は連れ立って優雅なランチタイムを愉しんでいる。

この方々は必ず群れをなす。最低でも二人、多くは数人のグループ。ときには十人ほどで店に押し寄せることも少なくない。女三人寄ればかしましい、と言われているのに、その三倍もの女性が集まって食事をするのだ。歓声、嬌声入り乱れ、その声が響き渡ったのでは、とてもじゃないが、「おひとり」でゆっくり食事を愉しむ気にはならないだろう。

だがその声がざわめいている間はまだいい。それが、ピタッと止まって、しーんと静まり返った瞬間、矢のような視線が「おひとり」の頬に突き刺さる。群れをなして食事するのが当然だと思い込んでいるマダムたちの目には「おひとり」は奇異に映る。

ひそひそ、こそこそ、何を言われているのかは分からないが、決してほめられてはいないことだけは確かだ。うらやましがられている気配も皆無。できればこの類《たぐい》の店は避けたいところだが、あえてそれにチャレンジするというのもアリと言えばアリ。ここをクリアすれば何も怖いものなどない。

割烹、料亭、フレンチ、イタリアン。これらのジャンルの店に行くときは要注意。その辺りをリサーチしてから足を運びたい。これに加えてホテルのレストランも危険だ。マダムたちはホテルがお好きだから、ランチタイムは充分注意すべし。

そういう心配の要らない、とっつきやすいランチ店をロケーション別に紹介していこう。

ビジネス街のランチ

新福菜館のやきめし弁当

古今東西、ビジネス街のランチタイムは気忙《きぜわ》しいと相場は決まっている。バブル華やかなりし頃は、シャンパングラス片手に優雅なランチタイムなどというシーンもあったかも知れないが、それも遠い昔。今や町角に出没するワンコイン弁当の相場もどんどん下がって、300円を切る時代に入ってしまった。

となれば、ビジネス街では誰も人のことを気にしていない、いや、気にする余裕すらなく

やきめし弁当を売る屋台

してしまったのだ。「おひとりランチ」にとってこれは、好機到来、心安らかにビジネスランチをゆっくりと味わえる。ビジネスマンやビジネスウーマンに紛れてしまえば「おひとり京都」であることも忘れ去り、ただただ京都の普段着の美味に舌鼓を打てる。

京都のビジネス街と言えば、誰が何と言おうと四条烏丸《からすま》界隈。ご多分にもれず昨今は街角でパラソルを張って弁当を売る屋台があちこちに出没している。京都に来てまで、わざわざ屋台弁当を買うこともないだろうが、もしもそのような機会があれば、ためしてみたいのは『新福菜館』のやきめし弁当。『新福菜館』（地図H⑰）と言えば独特の真っ黒いスープで有名なラーメン店だが、烏丸通の錦小路通から蛸薬師通辺りの角付近でバイクに積んで昼飯どきに売っている。この焼飯も当然ながら真っ黒だが、味はいたって軽い。唐揚げ付きもあって、時間や懐に余裕がないときには最適のランチになる。目印、いや、耳印は、「や〜きめ〜し弁当」の売り声だ。近くの公園、鴨川、お寺の境内。お弁当を広げる場所は幾らでもある。これもまた優雅な京都「おひとり」ランチタイムだ。

めん房やまもと

昼休み、多くのビジネスマンは通い慣れた店を目指して猛ダッシュ、とは大げさだが、自然と早足になっているのが分かる。界隈の店には見向きもせず、まっすぐ前を向いて歩いているのは、店を決めている徴だ。そんな彼らが目指す店の代表が『めん房やまもと』（地図G⑱）。第一章で書いたような、まさに路地裏の隠れ店だ。

四条烏丸から西へ。室町通の一筋西に細い路地がある。誰が名づけたのか『撞木《しゅもく》図子』。T字形の路地が仏具の撞木に似ているからと言われているが、となれば、日本中、すべてのT字形路地は撞木と呼ばなければならず、それもなんだかなぁと思いながらとにかく路地に入る。

この道はすでに路地であるのに、そこからまた路地に入る。目印は行列だ。さほど長くはないが、それでもビジネスマンたちが狭い路地の入口でたむろしているのは、二、三箇所だから、すぐにそれと分かる。

京都で店に困ったなら、うどん屋に入ればいい、というのは定説だ。水がいい上に、北前船以来、北海道から上質の出汁《だし》昆布が入る。それらを使ったうどん出汁の旨さは格別。麺に讃岐のようなコシはなく、スープに浪速《なにわ》ほどの濃さもない。ほどほどの旨みを湛えた京都のうどんは、たとえ腰抜けと言われようと、しみじみ味わい深い。

近頃の蕎麦屋での不満。それは品書きの少なさだ。できますものは、せいろと盛り、温かいものなら鴨つけ汁か天ぷら。ただし値は張りますよ、などと小賢《こざか》しい店が多過ぎる。見よ！　この店のメニューを。これを見て食欲が湧かなければ、胃腸のどこかが悪いに違いない。そう断言できるほどに豊富なメニュー。あっさりさっぱりから、こってりたっぷりまで。この店に来る度、いつも迷ってしまうのだが、マイベストメニューは、「中華そば」だ。

めん房やまもとの「中華そば」

ダブルスープだとか、無化調、麺硬茹《ゆ》で、ネギ多めなどという世界とは無縁の、素直な「中華そば」が潔《いさぎよ》い。澄んだスープ、細目のストレート麺、モモ肉の焼き豚。異論のある向きもあるかも知れないが、京都のラーメンといえば、これにとどめを刺す。あえてそう言い切ってしまおう。それくらいに旨い上に580円という値段がうれしい。

京都の街を歩き疲れて、この店の「中華そば」を食べて、きっと誰もがほっこりするだろう。それが京都の食なのだ。近頃流行りの言葉を使えば「おばんざい」。普段の、あるいは素朴な味わいというのは、こういうものを言う。それがおかずであろうと、ラーメンであろうと、うどんであろうと、根本は同じ。食べた後、大仰に感動するのではなく、しみじみと美味しいと感じ入る、それが京都の普段着の味なのだ。

何種類あるのか、これだけ多くのメニューがあれば、狭い店にひしめく客の食べているものは千差万別。気になるのは隣の芝生ならぬ、隣の器。

カウンターに座って、右隣の「きつね丼」650円も旨そうだが、左隣の「唐揚げ弁当」950円にも心惹かれる。黒塗りの重箱にご飯と唐揚げ、漬物が入り、小鉢のかけ蕎麦が添えられている。うーん、今度はこれにしよう、と心に決めるのだが、店の入口路地辺りまで来ると、「中華そば」が頭に浮かび、席に着くなり、口が勝手に動いて「中華そば」を注文している、というのがいつもの僕のランチタイム。

店の一番人気は刻んだ油揚げがたっぷり載った「あげカレーうどん」680円。うどんの代わりに蕎麦、中華麺にもできる。「あげカレー中華」と注文するのが常連の印だ。

萬福

四条烏丸近辺の中華そばでもう一軒。四条室町の西南角から二軒目、『萬福』（地図G⑲）。ここもシンプルな中華そばが旨い。いかにも街の食堂といった風情が「おひとり」にはぴったり。カウンターこそないが、デコラ貼りの白いテーブルは四人掛けであっても「おひとり」にやさしい。

「中華そばとミニきつね丼セット」がこの店のイチオシ。薄切り焼き豚が三枚、メンマ、ネギ、モヤシが少々載った中華そばは、実にあっさりと旨い。甘辛く煮付けた油揚げの細切りと青ネギをからめて載せたきつね丼はしっかりとした味わい。京都らしいコンビネーション。壁際に置かれたテレビの画面を見るでもなく、見ないでもなく、といった中途半端な緩さもいい。

「京のおばんざい」と幟《のぼり》を立てて派手な京言葉で呼び込みを掛ける店にはない、ほんものの京都は、こういう店に潜んでいる。

亜樹

四条烏丸界隈でもう一軒。四条通室町を西へ。新町通との真ん中辺りの北側にある『亜樹』（地図G⑳）は旨くて安い洋食屋だ。

十一時五十分の開店を待ち兼ねたビジネスマンが列を作っている。開店と同時に満席になる人気店なので、時間に追われることのない「おひとり」は、できればこの時間を避けて、遅めのランチとしたいところ。十三時過ぎ辺りが狙い目だが、同じ考えの客も少なくないので油断はできない。店の前まで来て、長い列を見たときの落胆は計り知れないが、ここで諦めるのもシャクな話。

何とか入り込めたらカウンター席へ。豊富なメニューに目移り必至だが、僕のおすすめはBランチ950円。ハンバーグ、クリームコロッケ、ポークソテーの三品が付く。たっぷりとデミグラスソースの掛かったハンバーグとクリームコロッケはご飯の友に最強のコンビだが、千切りキャベツを枕にして、しなだれかかるポークソテーが秀逸の一品。僕はこれをトンテキと勝手に呼んでいるのだが、生姜焼き風のあっさりした味付けで、キャベツを包んで食べれば幸せ感あふれる旨さ。さりげない味わいがいい。冬場のシーズンに登場するカキフライ、ニンニク味がたまらないエビライス、迷ったときの日替わりランチ、どれを食べても満腹満足。「おひとり洋食」には格好の店。目印はビルの谷間の赤いテントだ。

前田珈琲明倫店

ビジネス街のランチ。ちょっと変わり種を一軒。学校給食ならぬスクールランチ。

四条通から室町通を北へ、錦小路通を越えた辺りの右手に『京都芸術センター』が見える。立派な名前のこの施設、元をただせば小学校。昭和初期に改築された元明倫小学校をほぼそのまま生かし、『京都芸術センター』という名でアートの拠点として蘇ったものだ。だからここでは、ただランチを味わうだけではなく、昭和レトロの見事な建築美を目で味わってから食事にしたい。

京都芸術センター

室町通に面した校門から入って、まず見ておきたいのはグラウンドの眺めである。グラウンドというより校庭といったほうがふさわしいフィールドから、校門のほうを振り返ると、二階の壁に時計が掛かる懐かしい校舎が見える。屋根にはオレンジのスペイン瓦が、と思いきや、実は和瓦なのだそうだ。豪奢《ごうしゃ》な細工が施された講堂や、談話室として使われている教室など、見所はたくさんあるが、郷愁を誘うのは何といっても「水飲み場」と「廊下」。どこからともなく生徒たちの歓声が聞こえてきそう。

ノスタルジーに浸った後は併設されたカフェ『前田珈琲明倫店《まえだコーヒーめいりんてん》』（地図G㉑）へ。カレー、スパゲティ、サンドイッチなど、どれもがボリュームたっぷりで美味しい。カレーなどは量によって、大中小とあるのもうれしい。古き良き時代の教室を彷彿《ほうふつ》させる店内でもいいが、気候がよければテラス席も気持ちがいい。朝十時から夜九時までの通し営業なので、お昼どきを外してしまったときにも重宝する。覚えておいて損のない店だ。

路地裏ランチ

第一章でも書いたように、京都の愉しみのひとつに「路地裏探索」がある。表通りでは決して見ることのできない不思議や発見があるのだが、それは「食」についても同様だ。

路地裏に店があるということは、目立たないということで、それは飲食店にとって、不利な条件だと言える。店が繁盛するためには多くのお客さんに来てもらわねばならず、それには大勢の目に触れなければならないのは当然のことだ。

なのに路地裏なのである。目立たなくてもいい、と決めて店を開いたのだから、よほどの自信がなければできない芸当だ。味に自信、値段に自信、あるいは店の佇まいに自信。とにかく何か他の店に対して大きく秀でているものがなければ路地裏に店を構えようとは思わないだろう。路地裏に名店多し、と言われる所以《ゆえん》である。路地裏を歩いていて偶然そんな店を見つければ、思わず快哉《かいさい》を叫びたくなるくらいの路地裏店好きを自負する僕がすすめるランチ店。まずは第一章のコース沿いにある店から。

富久屋の店先

富久屋

『知恩院』から歩き始めて、『清水寺』、『六道』辺りまでは一気に進めるだろう。ひと息入れたくなるのは宮川町で隠れ店ショッピングを終えた辺りだろうか。

なぜ京都の街で洋食が美味しいかについては、『京料理の迷宮』(前出)に詳述したのでそちらをご覧いただくとして、簡単に言えば、京都における花街の存在が洋食を育ててきた一面があるということ。

花街の主役とも言える舞妓は多くが二十歳前の育ち盛り。当然ながら食欲旺盛である。一方それを育てる旦那衆は大抵がエネルギッシュでパワフル。お座敷に上がる前に両者が連れ立って行く「ご飯食べ」という慣習には、食べ応えがあってボリュームもある洋食が最適となり、いつしか花街の近くには旨い洋食屋が必ずある、という仕組みになったのだ。

路地裏の隠れ店で買い物をして、鴨川を渡る直前、松原橋の畔《ほとり》に店を構える『富久屋』（地図F㉒）で花街ランチと洒落《しゃれ》込むのが愉しい。一見したところ、どこにでもある喫茶店か洋食堂にしか見えないが、長い歴史を持つ洋食レストランなのである。店内に入ると舞妓さんのシンボルとも言える丸団扇《うちわ》が飾られ、花街気分を高めている。昭和の空気が色濃く残る店内は、のんびりと穏やかで、「おひとり」もやさしく迎え入れてくれる。

フクヤライス

おすすめは「フクヤライス」。見た目も愛らしいオムライスだ。黄色い玉子の上にハムやマッシュルーム、トマト、グリーンピースなどがトッピングされていて、いかにも舞妓さんに似合いそうなひと皿。

他にも、舞妓さんのおちょぼ口でも食べやすいようにと、先を細く切ったエビカツサンド、ボリューム満点の洋食弁当など、メニューも豊富で、どれを食べるか迷う店だ。運がよければ舞妓さんに出会えるかも知れない。家族だけで切り盛りしているので、店のそこかしこに家庭的な雰囲気が漂っているのも「おひとり」にはうれしい。

花街には必ず旨い洋食屋がある、この法則は宮川町でも生きている。

江戸正

歩き始めの時間にもよるが、この時点でまだお腹が空いてなければ、五条通を西に歩く頃まで我慢したい。堺町通、『鉄輪の井』を訪ねる前に格好の鰻《うなぎ》屋があるからだ。

真ん中にグリーンベルトを持つ広い通り、五条通から堺町通に入ると、俄然《がぜん》道を狭く感じる。しかも、車一台通るのがやっという通りの両側には、民家や会社、事務所にマンションばかりが並んでいて、飲食店などまったく見当たらない。こんなところに旨い店があるのかと、誰もがそう思いながら歩く。鼻の利く向きならしかし、香ばしい鰻の匂いに気付くことだろう。

北に向かって歩くことしばし。突然のように左手に現れるのが『江戸正《えどしょう》』（地図F㉓）。江戸焼鰻の隠れ名店だ。

海から遠い京都では、古くから川魚が何よりのご馳走だった。鯉《こい》や鮎《あゆ》、そして鰻。通常関西では江戸焼と違って、鰻は蒸さずに焼くのだが、なぜか京都では蒸してから焼く、江戸流の店が多い。前著で紹介した『梅の井』、『う』、『松乃』『廣川』など、名店が鎬《しのぎ》を削る京都だが、この『江戸正』は繁華街からも観光地からも離れた場所にあるのに、時分どきは満席が続く、隠れ人気店なのだ。さほど広くない店内にはテーブル席と小上がり席があるが、五組ほども客が入ればいっぱいになってしまう。

僕は行列に並ぶことと待つことを大の苦手にしているが、こと鰻屋に関しては例外だ。席に着いて注文を済ませ、焼き上がるのをじっと待つのも鰻屋の愉しみのひとつ。たっぷり汗をかいた後の生ビールと同じく、さんざん待ってようやく目の前に出てきた鰻は実にいとおしい。すでに満席の店内、旨そうに鰻重を食べる客をうらやましげに横目で見、当然ながら自分より先に運ばれてきた隣席の鰻を恨めしげに覗く。こうして自分をいじめるだけいじめたほうが、食べるときの感動は大きい。

待ち兼ねた鰻重がようやく届く。さて、と蓋を取る瞬間が鰻屋での醍醐味。立ち昇る香りに酔い、艶っぽい焼き上がりに目を奪われ、箸を取ったら一気にかっ込む。熱々のご飯がほくほくと旨

江戸正の「鰻重」

い。蒲焼とご飯、ではなく鰻重として食べるときの大きなポイントはこの熱々ご飯。火傷《やけど》しそうなほどの熱々だと思わず顔がほころぶ。

日本旅館のＨＰを見ていて、料理の項でよく出てくる言葉に「温かいものは温かいうちに、冷たいものは冷たいままで料理をお出しします」というのがある。旅館の部屋出し料理ならそれでもいいだろうが、丼ものやライスものは、その程度では困る。熱々のご飯こそが命だ。

天丼にせよ鰻重にせよ、食べ始めて温《ぬる》いご飯を口に入れたときの失望感はかなり大きい。カレーライスもオムライスも同じだ。半分も食べないうちに冷めてしまったライスものを、それでも食べ続けなければならない。このときのみじめな思いは、屈辱に近いものがある。

はふはふと、半身を食べたころ、おもむろに肝吸いの椀蓋を取り、ひとくち味わったらまた鰻重に戻る。ほどよい甘辛いタレの味にご飯がからみ、思わずうっとりする。あんな蛇のような不気味なまでに長い魚をよくぞここまで昇華したものだと、いつもながら感心する。西洋でもアンギュラスなど、鰻を食べる習慣はあるようだが、蒲焼にまさる料理法は絶対にない。そう言い切ってしまえるほどに旨いのが、世界に誇る日本の蒲焼。

もうひとつ、『江戸正』には天然鰻に限りなく近い味わいを持つ『坂東太郎《ばんどうたろう》』という鰻がいるのだが、これは注文があってから割くのでかなりの時間がかかる。食べたいときはあらかじめ連絡をしておくか、それなりの覚悟をするか、だ。それさえクリアすれば至福の鰻にありつけるのは間違いないのだが、なかなかそこまでの余裕を持てないのが辛いところだ。白焼きや肝焼きもあり、時間が許せば昼酒を愉しみたいところ。

花遊小路　江戸川

花遊小路　江戸川

鰻は食べたし、されど時間は少なし。そんな時に重宝する店が、先の章、路地裏歩きコース上にある。『御旅所』の向かい側の、店と店の間の細い路地『花遊小路』を抜けた辺りにある『花遊小路　江戸川』（地図F㉔）だ。ここも店名が表すように、江戸焼の鰻を出す店だ。

『花遊小路　江戸川』では旨い鰻を食べられるが、専門店ではない。天ぷらや寿司、弁当に会席と、和食全般を扱う料理店だ。

したがって鰻専門店のように、一から料理するわけにはいかないのだろう、ある程度の仕込みをしておき、注文が入ったら最後の仕上げをする。そんな感じだから待ち時間も他の鰻屋に比べればはるかに短い。だからと言って、手抜きするような店ではなく、ちゃんと美味しい鰻が食べられるのだから、気短かな僕には向いている。う巻き、鯉の洗い、柳川鍋などの一品料理も豊富に揃い、丹波ワインまで置いてあるので、こここそ昼酒には格好の店だ。繁華街に近いという場所がら、朝十一時から夜九時までの通し営業というのもありがたい。早め、遅めのランチに最適。高島屋が近いせいか、買い物帰りの主婦や老紳士など、ひとり客が多いのもうれしい。

京都と学生とカレーの関係

東京と違って、京都の繁華街は一極集中。北は御池通から南は四条通、東は鴨川から西は烏丸通まで、という狭いエリアだ。近年そのエリアは烏丸から西へ広がりつつあるが、まだまだ店が連なるまでには至らず、点在している程度である。

何かと足を運ぶ機会の多い繁華街の中の路地裏店を三軒ほど。まずはカレーの『インデアン』（地図F㉕）だ。

意外に思われるかも知れないが、京都はカレー王国だ。街中を歩いていると、どこからともなくカレーの匂いが漂ってくるし、うどん屋でカレーうどんを看板メニューにしている店は多い。近年はラーメン屋でもカレーラーメンをメニューに載せる店も少なくなく、カレー焼飯も人気だ。なぜ京都でカレーかと言えば、そのわけは厳しい気候と、学生の多さにある。盆地特有の気候、それは夏蒸し暑く、冬底冷えがする、である。これをして京都人は自虐的に「夏暖かく、冬は涼しい」とギャグにしてしまう。

夏場に京都の街を歩いていると、じわじわと汗が滲《にじ》んでくる。南国のようにギラギラと太陽が照りつけるわけではなく、真綿で首を絞めるかのように、暑さが身にまとわりついてくる。湿度をたっぷりと含んだ生温《なまぬる》い風に、たまらずカレー屋に飛び込んで、辛口のカレーライスを食べて猛烈な汗をかく。これが何とも気持ちがいい。毒を以て毒を制す方式だ。

底冷えの冬。たっぷり着込んで、コートの襟を立て、防寒着を重ねても、寒さが身に染みる。かぐわしい出汁の香りにつられて入ったうどん屋。迷うことなくカレーうどん。とろりと濃厚なカレー餡をうどんに絡めて啜《すす》れば、じわりじわりと額に汗が滲む。店を出るころには身も心もしっかりと温まっている。夏でも冬でもカレーが一番。

また、京都は学生の街である。京都大学をはじめとして、多くの私学が市内一円にキャンパスを広げている。ひと昔前に、大学の郊外流出が一種のブームとなり、多くが京都市外に学舎を移転したが、評判が芳《かんば》しくなかったせいか、近年、市内への回帰が始まった。地方から出てきた学生たちにとって、鄙《ひな》びた郷で暮らしたのでは何のための京都だか分からない、と忌み嫌ったのが、市内回帰の主な理由だと聞く。至極もっともな話である。憧れの京都、街中で暮らしてこその学生生活。田舎暮らしをするくらいなら、京都の大学でなくてもいいのだ。歴史ある洛内で暮らし、京都の町衆と接することも学生生活には大事なことだ、とようやく気づいたのだろう。朝令暮改。けっこうなことである。京都は学生を育て、学生もまた京都の街を育てていく。

学生にとって、安価で食べ応えもあり、食べ慣れた味のカレーは何よりのご馳走。学生の多い京都で美味しいカレー屋が多いわけだ。

インデアンのビーフカレー

と言うわけで、カレーの『インデアン』。

河原町三条を南に下がり、六角通を東へ、木屋町通へ出る角に青い暖簾が掛かっている。暖簾には酋長らしきインデアンの横顔が白で染め抜かれ、ひらがなで「いんであん」とある。店名からして当然のデザインのような気がするが、どこか違うようにも思う。しっくりこない思いをひきずりつつ、店に入ると、時間が止まったかのような佇まいで雑然としている。何枚も猫のシールが貼られた手描きのメニューが、民藝っぽいテーブルに不思議な彩りを添えている。狭い店の厨房では女主人がひたすらキャベツを刻んでいる。迷わず注文したのはビーフカレー750円。

食材に上下関係を持ち込むのもいかがなものかと思うが、それでも世の中には厳然とした一定の決まりごとがある。それは牛肉のほうが鶏肉より高いということだ。デパ地下の食肉売り場でも一番えらそうにしているのが牛肉で、隅っこのほうで遠慮がちに売られているのが鶏肉である。鶏肉はおおむね100グラム100〜200円ほどで売られている。500円以上の名古屋コーチンなどを買って帰ると妻からお目玉をくらうのは当然のことだろう。

インデアン

それに比して牛肉はどうだ。100グラム500円以下となると、うーん、これではちょっと、という切り落としになってしまい、見事にサシの入った松阪牛なんかだと2000円は普通のことである。

つまり世の中の常識として鶏肉は牛肉より安いはずなのだが、この店のメニューでは逆なのだから不思議だ。ビーフカレー750円に対してチキンカレーは800円。ちなみにポークカレーも同じく800円だ。

だからどうした、と言われても困るのだが、この不思議を前にすると、僕はどうしてもビーフカレーを頼んでしまうのだ、ということを声を大にして言いたい。少し意味合いが異なるかも知れないが、スーパーの特売で、鶏肉より牛肉が安ければ、当然牛肉を買う、というのと同じ心理だと思うのだ。

だが逆説的に考えれば、世間の常識を覆《くつがえ》してまで、あえてチキンカレーを高く売っているのだから、きっとただものではない。相当に吟味された旨い鶏肉に違いないと思い、一度試してみたいと思いながらも、決まってビーフカレーをオーダーしてしまう。

ところでカレーライスとライスカレーの違い、という話はご存じだろうか。他愛もない戯《ざれ》言《ごと》ではあるのだが、平皿にご飯が盛られ、右、あるいは上半分にカレーソースが最初から掛けられているのがライスカレー。アラジンの魔法のランプに出てくるような容器にカレーソースが別に添えられるのがカレーライスと、まことしやかに語られていたのも今は昔。アラジン方式は風前の灯《ともしび》になっている。そこでこの『インデアン』はと言えば、これがまた摩訶不思議な代物《しろもの》なのである。

カレーライスにせよライスカレーにせよ、ご飯とカレーソースをいつ、どれくらい混ぜて食べるか、という悩ましい問題がある。一度にくちゃくちゃと混ぜるのは下品だろうかと思ったり、混ぜる配分に失敗して、ご飯だけが余ってしまったという苦い経験は誰にもあるのではないだろうか？

レモンスライスを浮かべた氷水、ミニサラダ、ピクルスが置かれたテーブルを見つめて待つことしばし。運ばれてきたビーフカレー。初めてこれを見たときは正直、大いに戸惑った。カレーライスでもなく、ライスカレーでもなく、はてこれを何と言えばいいのか。混ぜ問題を放棄していることに茫然《ぼうぜん》としてしまったのだ。つまり最初から混ざっている。しかもまんべんなくだ。

この店のカレーの最大の特徴はご飯とカレーソースが出てきたときからすでにきちんと混ざっていることだ。そしてその上に賽の目に切ったビーフが、ごろごろと載っている。

何も迷わず、悩まず、ただひたすらにスプーンを入れて口に運べばいい。実にありがたいことである。人類が長い間悩み続けてきたカレー混ぜ問題はここで一気に解決したのである。となれば、必ず聞こえてくるのが「余計なお世話だ。好きに混ぜさせてほしい」という声だ。実は僕も最初はそう思ったクチなのだが、通ううちに、これがベストだと思えるようになった。すべてを委ねる安らぎ、とは言い過ぎだろうが、ちょうどいい按配《あんばい》であることは間違いない。

これとよく似たカレーが大阪にあって、店の名を『自由軒』という。織田作之助が『夫婦《めおと》善哉《ぜんざい》』で紹介したことから一躍有名になったものだが、これを「インデアンカレー」と呼んでいるから、おそらくは出自はこの『自由軒』なのだろう。しかし、食べ比べてみるとその違いはかなり大きい。生玉子を混ぜて食べる『自由軒』のそれは、まったりと、和食然とした味わいだが、『インデアン』のビーフカレーは、きりっと引き締まり、どこかアジアっぽい香りがする。大阪発で京都に着くと、かくも味わいが変わるというのも興味深いところ。食べ進むうちに、じんわりと汗がにじんでくる辛さといい、ご飯の硬さ、量、からみ具合といい、すべてが程良いのだ。インパクトのある盛りつけと、シャープな味わいのカレーは「おひとり」ランチの変化球。

満ち足りて店を出て、ふと暖簾を振り返る。やっぱりどこかヘンだ。インデアンはインデアンでも、この絵はウェスタンの世界。だがカレーはインド。インドにインデアンはいないはずだ。店主の勘違い？　いや、きっと確信犯なのだろうと思う。浮世離れしたカレーはクセになる味わいだ。（編集部注：『インデアン』は二〇〇九年七月から長期休業中です。宇治店［近鉄小倉駅近く］が営業しています。）

蕎麦なら大黒屋

変化球の後は直球勝負。蕎麦よりうどん、という関西の気風の中で、旨い蕎麦を食べられる『大黒屋』（地図F㉖）は『インデアン』のすぐ近くにある。

フォッサマグナ（西南日本と北東日本を分ける地理的な境界線）を境にして、東は蕎麦、西はうどんと相場は決まっている。痩せた、と言っては失礼にあたるかも知れないが、栄養分の少ない土壌で育つ蕎麦は関東に向いている。西日本の土壌は肥沃すぎて蕎麦の栽培には適していない、と料理研究家の先生に聞いたことがある。さらにもう一点。西日本の淡い出汁の味わいはうどんにからむが、蕎麦には合わないとも。

大黒屋

ことの真偽は別として、お国柄をあれこれ語るのはおもしろい。たしかに関西は蕎麦よりうどん、となるのだが、京都に限って言えば、あながちそうとも限らないのだ。

老舗ひしめく京都にあって、五百三十年の歴史を数える老舗中の老舗『本家尾張屋』の名物は「ニシン蕎麦」だ。だが、ニシンの棒煮と蕎麦の取り合わせを最初にメニューに載せたのは、四条川端の『松葉』（地図F㉗）。時は明治十五年だという。いかにも京都らしいニシンの棒煮は蕎麦との相性はいいが、うどんには今ひとつしっくりこない。だからというわけでもないのだろうが、京都ではうどんよりも蕎麦を売り物にする店が多い。その例に違わず『大黒屋』も名物は蕎麦である。

大正五年創業のこの店はかつて水車を使って蕎麦粉を挽《ひ》いていたのだろう。その名残が店内に飾られている。定番メニューでもいいのだが、季節限定メニューをぜひとも試してみたい。

夏場なら京野菜を使った「天ざる」。七月からの「鱧天ざる」、秋の「松茸蕎麦」など。中でも一番のおすすめは冬場だけに登場する「ねぎそば」。冬の京野菜を代表する九条ネギをどーんと載せた蕎麦の旨さには誰もがうなる。ネギとはかくも甘いものなのか、と目から鱗が落ちること必至の蕎麦。この店もまたつまみが豊富にあり、蕎麦屋酒の誘惑に満ちている。誘いに乗るか断ち切るか、なんとも悩ましい。

喫茶グリーン

おとなしく蕎麦だけを食べて帰るとして、では次なる店『喫茶グリーン』（地図F㉘）へ行ってみよう。ここもまた外観からすれば、取り立てて特徴がありそうには見えない。だが、数ある京都の喫茶店の中からここをわざわざおすすめするのだから、ただの喫茶店ではない。「おひとりランチ」に格好の店なのだ。

ゆったりしたシートが並び、すこぶる居心地はいい。とかく忙しくなりがちなランチタイムだが、ここならゆっくりできる。ランチメニューは日替わりも含めてたくさんあるが、イチオシはハヤシライス。街場の喫茶店とは思えないほどに手間暇掛けて、じっくりと煮込まれたソースはコクがあって旨い。数ある洋食メニューの中にあって、ハヤシライスはついつい忘れがちなメニューだが、一度食べればクセになる。インパクトの強いカレーや、ボリュームたっぷりのフライものに比べて、後口がさっぱりしているので、この店で食べて二、三日経てばまた無性に食べたくなる。そんな味わいだ。

喫茶グリーン

名物がもうひとつ。タマゴサンド。これもまた普段は忘れ去っているメニューだが、食べればヤミツキになる。ふんわり、たっぷりの玉子焼きをはさんだタマゴサンドを口いっぱいに頬張れば、自然と笑みがこぼれる。

普通がうれしい。行列を作ることもなく、ガイド本片手に乗り込んできて、デジカメで写真を撮りまくる《ブログルメ》もいない、のんびりした店で旨いランチにありつけるのが一番だ。ちなみにこの《ブログルメ》というのは僕の造語で、ブログに美味しい店を書き連ねることを生きがいとしている人たちのこと。常識をわきまえている分にはまったく問題ない。他の客や店側に迷惑を掛けないように気遣いながら、楽しく食事をしながら控えめにシャッターを切る姿は微笑ましい。よくこれだけ続くなぁと感心しながら拝見するブログもいくつかあって、店選びの参考にさせてもらうことだってある。だが、食べることとそっちのけで、ミニ三脚を立てたり、ストロボまで光らせたりして、デジカメ命といった風に写真を何枚も撮っている人たちには眉をひそめてしまう。店側にとっても痛し痒《かゆ》しだろうし、何より他の客にとっては迷惑千万であることを肝に銘じてほしい。

喫茶を兼ねた店の最大のメリットは長居可能なことである。食後はデザートを頼むもよし、コーヒーの香りに包まれながら、ここから後の行程をじっくりと練るのもよし。ガイドブックを開いて、夜の美味しい店に、あれこれと想いを巡らすのも愉しい。

京都は名所の街だ。超の付くような名所から隠れ名所まで、せっかくの京都旅だから多くの名所を巡ってみたい。名所を訪ねて、観終えた後、さてランチをと辺りを見回したときに潜んでいるのが大きな落とし穴。観光客の心理を見透かしたように待ち受ける店がそれだ。

人気ナンバーワンの観光地、清水寺を参拝した後、三年坂から二寧坂へと下り、ふと目に入ってきた店には「京漬物」、「湯豆腐」、「お茶漬け」、「ちりめん山椒」と、いかにも京都らしい「食」が列挙されている。しかも食べ放題だそうだ。食欲旺盛な修学旅行生ならいいかも知れないが、いくら京都名物だとは言え、お茶漬けを食べ放題だと言われても、ありがたみはない。本物の京都を求める向きは敬して避けるべき店だ。漬物なら漬物、湯豆腐なら湯豆腐。それぞれに専門店があるのが京都。あれもこれもと欲張ると結局何も得られずに終わってしまうのは、人生全般と同じこと。

概して観光地にはこの手の店が多い。長い時間の観光で空腹を覚え、ふと目に入ってきた「京」の文字に誘われるように店に入り、悔やんでも悔やみ切れない「食」に出会った向きは少なくない。名所にある名店は、ひっそりと佇んでいて、「京」の文字など、店の表にも中にもどこにも見当たらない。仮にあったとしても、それは必要最小限、謳い文句にはしていないものだ。神社、お寺、そして市場。京都に来たなら必ず足を運ぶだろう名所に潜む本物の隠れ名店、その一例をご紹介しよう。

『北野天満宮』の近くで

まずは神社から。

「天神さん」と京都人が言うとき、二通りの意味がある。ひとつは社としての『北野天満宮《きたのてんまんぐう》』（地図D）そのものを指すとき、そしてもうひとつは毎月二十五日に行われる「天神市」。

これをわざわざ区別せずとも、その時期によって自ずと分かるのは京都人ならではのこと。

たとえば年が明けてしばらく経った頃。知り合い同士が出会い頭、

「今日はちょっと『天神さん』へ行こうと思うてますねん」

「あれ？　お子さん、今年受験どしたかいなぁ」

「何言うたはりますのん。孫ですがな。孫が今年小学校の受験どすねん」

「そうどすか。えらい若いおばあちゃんやこと」

となる。

つまりは『北野天満宮』へ合格祈願へ行くのだということが暗黙のうちにお互い通じるの

だ。

だが年の瀬も押し迫った十二月二十五日だと、

「あら。えらいようけのお荷物どすなぁ。お買いもんですか」

「へぇ、『天神さん』へ行ってきましたんや」

「そうどした。今日は『終い天神』どしたな。なんぞええもん、おしたかいな。あてもこれから行ってこうかしらん」

「ようけの人どしたえ。寒《さぶ》いときどっさかい、気ぃ付けて行っとぉいやす」

と、「天神さん」が「天神市」のことだということで、ちゃんと話が通じ合っている。

それほどに京都人が慣れ親しんでいる『北野天満宮』へはぜひとも一度足を運んでほしいもの。

菅原道真を祭神とし、千年を超える歴史を持つ『北野天満宮』。現在の社殿は秀吉の遺志を継いで、慶長十二年に秀頼が造営したものだ。梅花祭で知られるように、梅の花が境内に咲き乱れる春先に訪れれば、かぐわしい梅の香りに酔えるが、四季を通して参拝客が

北野天満宮

絶えることはない。広い境内には『影向松《ようごうのまつ》』を始めとする「北野の七不思議」もあり、見どころも多い。観光客よりも地元の参拝客が多いのも、「おひとり」にはありがたい。

ここを訪れたならここでランチタイムを、とおすすめできる店を三軒ご紹介。むろん、参拝せず食べるだけでもいい。そんなことで罰を当てるほど、道真公は狭量《きょうりょう》ではない。

上七軒　ふた葉

北野と言えば、秀吉が天正十五年に開いた「北野大茶会」が有名だが、十日間ぶっ通しで行われた茶会の際、秀吉公の休憩所となったのが「七軒茶屋」である。名物だった御手洗団子をいたく気に入った秀吉が、茶屋としての権利を与えたのが京都五花街のひとつ、『上七《かみしち》軒《けん》』の始まりであり、それはすなわち「お茶屋」の始まりでもあったと伝わっている。

『北野天満宮』から東に伸びる『上七軒』は今も往時の風情を残し、お茶屋、料理屋、菓子屋などが整然とした街並みを作っている。その中の一軒『上七軒　ふた葉』（地図D㉙）は昭和初期創業の麺処。

この店の一番の特徴は茶そばである。お茶処宇治《うじ》を擁する京都には、かつてこの茶そばを供する店がたくさんあったが、今では数えるほどになってしまった。その貴重な一軒がこの

『上七軒　ふた葉』だ。

暖簾を潜り、ガラス戸を開けると、舞妓の名が記された丸団扇が目に入ってくる。祇園界隈の割烹店などでよく見掛けるが、街場の麺処では珍しい。さすがに歴史ある花街の店だけのことはある。

壁には品書き札がずらりと並び、どれも旨いが、まずは茶そばのざる680円だろうか。夏場なら冷やしきつねうどん630円もいいし、カレーなんば600円も捨てがたい。底冷えの冬なら、ねぎそば660円や鍋焼きうどん880円もいい。昔ながらの味わいがうれしい中華そば630円、天とじ丼800円も。どれもがやさしい出汁が効いて、京都らしいはんなりした味付け。ガイドブックにもほとんど出ておらず、祇園辺りの有名店に比べると驚くほど安価だが、味わいは決して負けてはいない。お値打ちおすすめの麺処だ。

とようけ茶屋

本書の中では唯一といってもいい「超有名店」である。時期によっては、うんざりするような行列が続き、修学旅行生たちの歓声が響き渡ることも少なくない。それでもあえておすすめするには理由がある。

京都は豆腐がめっぽう旨い土地である。多くは良質な水によるものではあるのだが、厳しい目で鍛えられてきた「京豆腐」はぜひ、京都で味わってほしいと願う。お取り寄せでは味わえない「生」を体験していただきたいのだが、料理屋で食べるとなると、その値段は法外といってもいいほど高い。

たとえば冬の京都には欠かせない「湯豆腐」。南禅寺界隈の有名店。湯豆腐だけを食べたいと思っても、なかなかその思いは叶わない。コース仕立てになっていたり、会席に組み込まれたりしていて、3000円を下ることはまずない。

そこでこの『とようけ茶屋』（地図D㉚）である。ここでは1150円で出来立て豆腐を使った湯豆腐が食べられるのだ。夏場の奴《やっこ》膳も同じ。あれこれ一品が付き、お盆からはみ出しそうに盛りだくさんでこの値段はお値打ちだ。しかもその豆腐が名店『とようけ屋山本』のものだから、味については折り紙つき。手頃な価格で本物の「京豆腐」を味わえるのだから、多少の行列は我慢すべし、だ。豆腐や油揚げを使った丼ものならどれもが1000円以下で愉しめる。

この店に来ていつも浮かぶのは「三方よし」という近江商人発祥の理念である。「売り手よし、買い手よし、世間よし」という「三方よし」の商業理念は、現代社会においては、つい忘れがちになる。

本章の冒頭で書いたように、古くから近江と京には深いつながりがあり、近江出身の商人には親しみを持って接してきたのが京都人である。それは彼らにこの「三方よし」という近江商人ならではの商理念があったからである。自らの利益だけを考えることなく、客の立場を尊重し、結果として社会全体に寄与する。今風の言葉で言うメセナ（企業による芸術文化支援のこと）を古くから実践していた近江商人たちの誇りや今いずこ。

『とようけ茶屋』。適価で本物の京豆腐を供する店として、ぜひ一度は足を運んでいただきたいものだ。

上七軒の街並み

茶ろん上七軒

京都には数多くの旨い洋食屋があることは、前著、前々著を含めて繰り返し書いてきた。その中には惜しまれつつもやむなく閉店した店も少なくない。フレンチやイタリアンほどに脚光を浴びることが少ない、地味なジャンルである割には、仕込みにも手間暇が掛かり、値段もさほど高くは設定できない。多くは後継者難から店仕舞いしたのだが、その味わいを懐かしく思い出す京都人は少なくない。

洛北下鴨にかつて『グリル・オーツカ』という名洋食店があった。下鴨本通という広い通りに面した狭い入口。典型的な鰻の寝床形の店に入りカウンター席から主人の仕事ぶりを見ながら料理を待つ時間は忘れられない。シンプルながらも深い味わい。似たようなメニューはどこの店にもあるのだが、これだけは絶対他の店では味わえない、という料理がたくさんあった。その代表が「ミックスバターライス」だ。

最後に食べたのはいつだったか、思い出すたびに生唾を飲み込み、記憶を辿って作ってはみたものの……。

海老、帆立、ハムに肉、玉ねぎ、マッシュルーム、そしてピーマン。そこにからまる玉子。何ひとつ昔と変わらない味わい。こんな単純なものをなぜそこまで懐かしむのだろうと思いながらも、いやいや、こういうシンプルな味だからこそ心に残るのだ、などとひとりごちながらもスプーンは止まらない。

『上七軒歌舞練場』の中に『茶《さ》ろん上七軒』（地図D㉛）というカフェがあって、ここで彼の『グリル・オーツカ』の懐かしメニューの一部が食べられるのだ。ミックスバターライス900円、オムライス900円、ポークピースカツ（ライス付き）900円、カレーライス

900円などなど。どれも100円プラスすればコーヒーか紅茶が付くというから、極めてリーズナブル。『グリル・オーツカ』はその名の通り、大塚さんというシェフの店だったのだが、数年前にわけあって店仕舞いした。縁を得て、この花街のカフェで再びフライパンを振ることになったのは同慶の至りだ。喜寿を迎えようとするシェフがいつまでも元気で仕事を続けられるよう願いながらスプーンを置いた。

きらきらと光り輝く三十代の若手が開いた店ばかりでなく、燻《いぶ》し銀のように鈍く輝く老練の技にも目を向けて欲しいのだが、今どきの情報誌やフードライターたちにそれを求めるのは無理なのだろう。

ミシュランで三ツ星を取った頃から毀誉褒貶《きよほうへん》が飛び交うようになった『すきやばし次郎』の主人にも似て、決して愛想がいいとは言い難いが、ある種の名人芸的な料理は、今食べておかないと、きっと後悔する。これぞ京都の、いや日本の洋食。「おひとり」ならではのノスタルジーも加わって、界隈一番のおすすめだ。

夏場この歌舞練場では、舞妓さんがお相手をしてくれるビアガーデンが開かれており、その間はこの洋食は食べられないのでご注意を。だが、ビルの屋上ではなく庭園でのビアガーデン、しかも花街のど真ん中という珍しさもあり、どちらにしてもここの魅力は尽きない。

『銀閣寺』の近くで

金閣、銀閣と並べて語られることの多い『銀閣寺』(地図A)。金に比べて地味な銀だから若い人には敬遠されがちかと思えば、実際には逆だそうだ。年配客が『金閣寺』に好んで足を運ぶのに反して、若い人たちに人気なのは『銀閣寺』のほうだと聞いて、分かるような気もする。

僕もそろそろ近付いてきたのだが、やがて彼方に行くのであれば、できれば極楽浄土がいい。目映《まばゆ》いばかりに光り輝く極楽にもっとも近いのが『金閣寺』だと思ってのことではないだろうか。それに比して、アヴァンギャルドともいえる『銀閣寺』庭園は若い人たちの心に響くのかも知れない。そしてもうひとつ、『銀閣寺』が若者から支持される要素のひとつとして、『哲学の道』の存在がある。西田幾多郎を始祖として、かつては思索に耽るのみだった道筋は、今や格好のデートスポット。四季を問わず、肩を寄せ合うカップルの目立つ道。その出発点にも終着地にも成り得る『銀閣寺』に若い人たちが惹き付けられるのもむべなるかな、だ。

そんなカップルの聖地に「おひとり」が行ってもいいのか。いいのだ。というより、ぜひ行くべきである。「おひとり」にとって天敵とも言えるのがカップル。だが考えようによっては、優越感を感じられる貴重な存在でもあるのだ。

概してカップルというものは、名所に行って名所を見ず、名店に行って名料理を味わうことなし、と言われている。そこへいくと「おひとり」は、名所に行って名所と一体になり、名店に行って名料理を身に取り込むと言われている。かどうか、定かではないのだが。

『東求堂《とうぐどう》』や『銀沙灘《ぎんしゃだん》』のような有名どころだけでなく、『洗月泉《せんげつせん》』や『仙桂橋《せんけいきょう》』などのディテールにまで目が及ぶのは「おひとり」ならではのこと。馬鹿ップルで来なくて良かったと、つくづく噛みしめることができる貴重な寺、それが銀閣寺である。

銀閣寺近く哲学の道

ノアノア

銀閣寺といえば『草喰《そうじき》なかひがし』（地図A㉜）。言わずと知れた名店だが、思い立ってすぐに行けるような店でもなく、ましてや、「おひとり」で訪ねるにはあまりにもったいない。いつかはきっと、と思いながら、横目で通り過ぎるのが正しい。

『草餐なかひがし』のすぐ傍にある『ノアノア』（地図Ａ㉝）は京都でもっとも古いイタリアンといってもいい。京都画壇の重鎮、橋本関雪《かんせつ》ゆかりの庭園『白沙村荘』の中にあるレストランはかつて、レトロな洋館だったが、今はお洒落なガーデンカフェだ。

草餐なかひがし

パスタというより、スパゲティと呼びたいようなスパゲッティボロネーゼ１１００円は一九七〇年に開業したときの味わいを今に伝えている。あるいは、ピザという食べ物をこの店で初めて食べた京都人が少なくないという名物サラミピッツァ１２００円も健在。老若男女、誰もが納得できる味わいのイタリアンだ。オードブル、スープに続いて日替わりのパスタを選べて、デザートとコーヒーが付いたランチコースは１９４０円。季節がよければテラス席で。

『ノアノア』は「ＮＯＡ　ＮＯＡ」と書き、タヒチ語で「楽しい」という意だという。ちなみにゴーギャンの旅行記も同じ名前である。

白川大銀と大銀食堂

名刹銀閣寺は言ってみれば、今出川通の東端にある。今出川通と言えば、同志社大学、同志社女子大学、京都大学、と、名だたる大学が連なる通りでもある。つまりは学生の街でもあるのだ。となれば当然ながら、安くてボリューム満点の大衆食堂もこの界隈には多く店を構えているのだが、なかなか「おひとり」、ましてや女性ひとり客には入りづらい。

女性ひとりでも気兼ねなく入れて、京都ならではの普段着の美味を満喫できるのが『お食事処　白川大銀』（地図A㉞）だ。京都の名門小学校『北白川小学校』のすぐ近く、御蔭通から少し南に入った辺りにある。銀閣寺からは歩いて十分強といったところ。似たような名前の店が銀閣寺参道近くにある。こちらは『大銀食堂』（地図A㉟）。近年新装され、食堂というより和食店といった趣の小洒落た店になった。僕の好みからいけば、以前の雑然とした雰囲気のほうに軍配をあげるが、観光客には今の店のほうが入り易いだろう。ここでのおすすめは、鶏甘酢定食８００円、焼き魚定食７５０円だ。

さて『お食事処　白川大銀』。先の『大銀食堂』と縁戚関係にあるのか、系列店なのか定かでないが、どこかでつながりがあったのだろう。店の雰囲気は改装前の『大銀食堂』によく似ている。

いかにも食堂といった、ゆるい空気とガラスケースにぎっしり並ぶ料理サンプルがうれしい。八段並んだガラス棚に、はて、何品の料理が並んでいるのだろう。これも見ているだけでも愉しい店だ。定食やセットもののほうがお得なのだろうが、せっかくこういう店に来たのだから、一品ずつ頼んで組み立ててみたい。トンカツ定食850円でもいいのだが、トンカツ単品480円に出汁巻き150円、納豆100円、豚汁200円を頼んで一杯飲むのがいい。湯豆腐300円にも心惹かれる。おひたし150円や煮魚250円など、飲んで食べて、〆はかけうどん250円。こんなランチも「おひとり」にはぴったり。文庫本でも持ち込んで、ページを繰りながら気《け》だるい空気を漂わせながら食べるのが、この手の店では正しい。

錦市場

京都の台所

丸竹夷二押御池。姉三六角蛸錦。京の通り名を北から順に覚えるためのわらべ唄。その「錦」が錦小路通。京都のメインストリート、四条通の一本北にあたる。その錦小路通の西は高倉通から東は寺町通まで、全長約四〇〇メートルに及ぶ商店街が『錦市場』。京都の台所と称されるようになって久しい。

天正年間に始まったと伝わり、本格的な市場として機能し出したのは江戸時代、万治《まんじ》の頃に隆盛を極めるに至った。元は卸売市場としての役割を果たしていたが、昭和初期に中央卸売市場が開設されたのを機に、多くの卸売業者が移転し、残った店と、新たに転入してきた店が集まって、今のような形になってきた。

道幅は狭く、ほとんどが三、四メートル。その両側に店が並び、売り台をはみ出させているから、実質はもっと狭い。年末の買い出しの頃には身動きが取れないほどの人で埋まる。師走も押し迫った二十八日辺り、母のお伴をして必ず『錦市場』へ正月を迎えるための買い出しに出掛けたものだが、それも今は昔。すっかり足が遠のいてしまった。

錦市場の店先

かつては整然と並んでいた店が、今は不揃い極まりなく、すっかり情緒を失ってしまったからである。
魚、野菜、そしてお惣菜。古くから京都に根づいた店ばかりだったのが、いつの間にか怪しげな店が増えてきた。食品とは無関係ではあるが、和雑貨店などはまだましなほうで、大阪にあるようなタコヤキや甘栗の屋台が点在するに至っては、「京都の台所」とはとても言い難い。加えて「製造直食」とでも言えばいいのか、店先で食べさせることが増えてきたのも、不揃いに拍車を掛けることになった。

食材を商うということと、それを料理して客に食べさせるというのは、まったく別の次元の話だと思うのだが、いつしかそれを混同することをよしとする空気が生まれてしまった。青果商が店の二階に食事処を設けて、野菜料理を出すくらいのことなら良かったのだが、今や店先のスタンドで焼き牡蠣《がき》を食べさせる店まで出現した。海辺の市場なら分かるが、なぜ、京都の真ん中の市場で焼き牡蠣なのか、そこには何の必然性もない。あるべきものではない、という姿に僕は不揃いを感じてしまうのだ。

パリのカフェがその代表だろうが、人通りの多いところで、お茶やコーヒーを「飲む」光景は、なかなか絵になる。だがそれが「食べる」となると様相はまったく異なってくる。少なくとも品の良い行為には見えない。

海産物を買おうとした店の前に屋台然としたカウンターをしつらえ、殻つき牡蠣を焼いて食べさせるというのはいかがなものか。あるいは俄か仕立てのテーブルに素人料理を並べて野菜を食べさせるのも僕には理解できない。通りを行き交う買い物客の目に、どう映るかを考えない店側も店側だが、人前で平気で大口を開けて貪《むさぼ》り食う客も客だ。こんな姿を見るのが嫌なので、『錦市場』から足が遠のいたのである。

それでもやはり『錦市場』にしかないものもあるわけで、それを目当てに足を運ぶ観光客も少なくない。できれば「売る」だけの店で買ってほしいものである。

冨美家

さて、『錦市場』でしっかりお土産用の買い物も済ませ、昼どきになったならまず訪ねるべきは『冨美家』（地図G、F㊱）だ。堺町通から西に入ってすぐ。錦市場の中では西端に近い南側の店先にはずらりとサンプルメニューが並び、パックうどんの即売コーナーもある。甘党メニューも豊富にあるが、主力はやはりうどん。僕のイチオシは『冨美家鍋』６００円。京都風の鍋焼きうどんだ。たっぷり衣をまとった海老天、甘辛味の椎茸、かまぼこ、焼き麩《ふ》、焼き餅と盛りだくさんの具が載り、淡い甘さの出汁がからむうどんは京都ならではの柔らかさ。寒

冨美家

い冬はもちろん、真夏に汗を流しながら食べるのもまた一興。悩ましきは玉子問題。熱々の土鍋で運ばれてきた鍋焼きうどんの玉子をいつ崩すかで、いつも悩むのである。最初から崩してしまうと玉子の味が強過ぎるし、かと言って、出汁が温くなってから崩すと生っぽいままになる。四分の一ほど食べ進んだ辺りがベストか。

おじやうどん650円という変わり種もあり、うどんの下に、出汁をたっぷり含んだおじやが隠れているという摩訶不思議なメニューだが、これが存外いける。二日酔いに苦しむ昼どきなどには絶好だ。

注目すべきは値段。錦市場の中にあってこの安さはありがたい。カレーうどん540円などは、申し訳ないような気分になるくらいだ。この店のすぐ近くにある有名蕎麦屋だと、鍋焼きうどんには二倍以上の値段が付いている。

ここ『冨美家』でもまた「三方よし」の精神は生きている。

煌庵

もう一軒。隠れ家中華のお店を。錦小路通の一筋北、蛸薬師通の烏丸通から少し入った辺り。細い路地の奥に店を構える『煌庵《こうあん》』(地図G㊲)は、京都らしい中庭に面した席がいい。

夜にはスパークリングワインと合わせて、ゆっくりと名物料理を堪能できるが、十種類の中から選べるランチもおすすめだ。

夏場なら鮎や鱧、万願寺唐辛子に加茂茄子といった京都ならではの食材をアレンジした中華料理のコースが３５００円で食べられる。広東風のあっさり味から、四川風の激辛味まで、伝統的な中国料理ながら、京都の素材をふんだんに使うのが『煌庵』流。ではあるが、「京風中華」などと言わないし、店の名前にも「京」を謳わない。その毅然たる姿勢が好ましい。

さてランチ。懐に余裕があれば、姿煮がメインのふかひれランチ４５００円もいい。日替わりランチ１０００円、飲茶コース１９８０円もあるが、僕のおすすめは五目餡かけ汁ソバ９００円。たっぷり野菜にオイスターソース味のスープがからんで絶妙の旨さ。お酢をたっぷり掛けて食べるとさわやかな後口。中華料理とは思えない軽さをさらに極めるなら、五穀粥セット８５０円がある。

京都らしい風情の中で食べる本格中華。覚えておくと重宝する店だ。

三嶋亭

『錦市場』近くでもう一軒。『大丸デパート』地下にある『三嶋亭《みしまてい》』（地図Ｇ、Ｆ㊳）だ。

京都人の牛肉好きはつとに知られ、老舗牛肉店『三嶋亭』の肉は都人にこよなく愛されている。三条寺町角にある『三嶋亭本店』（地図F㊴）の店先では、しぐれ煮用の切り落とし肉を求める客で列ができている。

本店の座敷で食べる「すき焼き」もいいが、「おひとり」には向かない。だがこの『大丸店』なら明治六年創業の老舗の味を、ひとりでも、ゆっくりと味わえる。

三嶋亭大丸京都店

すき焼きご膳１７８５円が一番人気。関東風の割り下ではなく、醬油と砂糖で味付けした牛肉はシンプルながらも濃密な旨みを湛える。豆腐や玉ねぎ、こんにゃくなどの添え物も吟味され尽くしたとみえて、実に味わい深い。あみやき膳１７８５円や、牛肉丼１２６０円も捨て難い。

最近ようやくこの店の存在が知られてきて、ときには行列ができることもあるので、覚悟するべし。あまりに長い列なら、すぐ横の売り場で弁当をテークアウトするという手もある。京都の牛肉はなぜかくも旨いのか。じっくりと考察するのも「おひとり」ならではの愉しみだ。

第四章　京都ひとり晩ご飯

1. 本物の京料理とは

ひとりで夕食を食べる作法

京都に限らず、ひとり旅最大の難敵は晩ご飯だ。旅先のレストランで夕食をひとりでとる姿には、どこか寂しさが漂う。これは当の本人の気持ちとは無関係なだけに性質《たち》が悪い。本人は寂しいどころか、心から愉しんで夕食をとっていても、周りはそうは思ってくれない。「無理して愉しそうな顔してるけど、本当は寂しいんだろう。気の毒になぁ」となる。

これはもう冤罪《えんざい》といってもいい。これまで何百、何千と旅先でひとりご飯を食べてきたが、食事中にそういう視線を感じることが何度かあった。それは店側であったり、他の客だったりするのだが、多くは憐みの目である。

ではこれにどう対処するべきか。ありきたりだが「気にしない」しかない。旅先での「ひとり晩ご飯」。長年かかって見出したのが、以下の四原則である。

1. 無理をしない……予約の取りづらい人気店に無理やり頼み込んだりしない。座敷席しかない料亭は端からあきらめる。夏の床店も同様。

2．自然体を貫く……ひとりだからと虚勢を張るのではなく、かと言って、ひとりだからと卑屈になるのでもなく、あくまで自然体で臨む。

3．愉しいときは愉しいように、寂しいときは寂しいように……ひとりでも愉しいときは愉しい食事だが、ときには寂しい思いをすることがある。そんなときは思い切り寂しがるのがいい。人恋しさもまた「おひとり」ならではだ。

4．カウンターで堂々と食べる……「おひとり」晩ご飯の最大の味方はカウンター席。誰に気兼ねすることなく、料理人との対話を愉しみながら食べる。

詳しくは『極みのひとり旅』『食い道楽ひとり旅』（いずれも光文社新書）をご覧いただきたい。寂しくも愉しい「ひとり晩ご飯」について書いている。

「京料理」とは何か

京都に来て、さて晩ご飯をとなると、どうしても和食、それも「京料理」に目が向いてしまうのは当然と言えば当然の理。近年の京野菜、京割烹ブームはすさまじいものがある。いささか粗製乱造《そせいらんぞう》のきらいすらあるのが、ここ数年の京都における「京料理」。

前章でも少し触れたが、本書が刊行されて後、しばらくするとミシュランが京都・大阪版のレストランガイドを出版するようだ。さて、どの店が掲載され、星がいくつ付くのか、当分は喧しいことになるだろうが、それもきっとわずかの期間に違いない。京都の店を、それも真っ当な「京料理」店をランク分けするなどまったく意味がないことに多くが気づくはずだからだ。

そもそも、彼の国の「レストラン」と、京都における「料理屋」とは根本的に考え方が違う。ほとんどすべてを皿の上だけで評価しようとする「レストラン」と違い、店へと辿る道筋から始まり、玄関、待ち合い、至るところに心を砕き、季節を表そうとする心根は「料理屋」だけのもの。季節を問わず同じ円形のプレート皿で表現する「レストラン」の料理と、僅かな季節の移ろいであっても、その違いを表そうと試みる「料理屋」の料理を同列に談じることなどできようはずもないではないか。

右顧左眄《うこさべん》、右往左往。そんな言葉と、矜持《きょうじ》ある京都の料理屋は無縁であってほしいと願う。虚心坦懐という言葉がある。今こそ京都のすべての料理屋の主人はこの言葉をかみしめ、これからの処し方を考えるべきだろうと思う。星の数に踊らされる愚を鑑《かんが》み、持てはやされて天狗になっている身を戒《いまし》める。ここから新たな挑みを始めるべきだと思う。「京」という一字に嵩《かさ》上げされていたことを省みることができたなら未来は明るい。

多くが憧れる京都の食だが、日本全国津々浦々を歩くと、やはりそのレヴェルの高さに驚かされることも決して少なくない。日本料理という範疇《はんちゅう》では京都を越える街はない。

東京銀座で「京料理」を標榜する店『Y』に案内されたことがある。「東京で京料理を食べるならこの店しかない」と案内した先達は誇らしげに言う。主人は京都で長年修業したといい、東京で京料理を食べられる貴重な店だと自慢するのだが、どうもその片鱗すらうかがうことができない。

後で料理雑誌の編集者に聞けば、東京にはこの手の店はいくらもあると言う。新橋と有楽町のちょうど中ほどにある店には、天ぷらのカウンター席もあり、いったいここは何を供したいのか、ついぞ分からず終い、なぜここが「京料理」店だったのか。

これを食べた客が京都に来れば、それはもう、どんな店に行っても「さすが京都」だと感激するのだろうと思った。なぜ東京の人はこの程度の料理に感動するのか、と不思議だったのが、一気に氷解した。なるほど、こういうものを「京料理」だと思っていたなら、京都に来れば感激するのは当然のことだろう。

東京にあった本物の京料理店

だが僕の数少ない東京での和食経験で、唯一、光り輝く店に出会ったことがある。それは偶然にもミシュラン東京の概要が発表された日だった。編集者と打ち合わせを兼ねて夕食を、となり、優れた編集能力を持ち、かつレストラン選びの能力はそれを上回るほど優秀なＩ氏が選んだのは神楽坂の懐石料理店だった。

いっとき『東京ドームホテル』を常宿にしていたこともあって、神楽坂にはいささか詳しい僕だったが、その店の名を聞いたのは初めてだった。さほどの期待も持たずに玄関を潜り、靴を脱いでカウンター席に上がり込んだ。小体な店だが、当日予約で席を取れたのだから、さほどの人気店でもないのだろうと、たかをくくって食べ始めたのが、皿が進むうち、少しずつ背筋が伸び始めた。

『一文字』という店だった。器遣い、素材選び、繊細な味わい。すべてが京都の味だった。

店の佇まいも、設《しつら》え、主人の立ち居振る舞いも含めて、今、京都にこの店があったなら、間違いなく五指に数えられるだろうと確信した。何より感心したのは、抑制の利いた料理だった。

今の京都。客がそれを望んでいるせいかも知れないが、すべてに「過ぎる」気がしてならない。食材、器、盛り付け、パフォーマンス。すべてが極まると客は疲れてしまう。能、歌舞伎、あるいは建築。優れた日本のそれらは必ずどこか抑制が利いている。息抜き、もしくは「間」といってもいい。その「間」があるからこそ、それと向き合った人々の心に深く染み入るのだ。これでもか、これでもか、と力でねじ伏せるような近頃の料理に、向かい合う気力と体力を失った僕は、久しく京都の名料理店から遠ざかる仕儀となったのである。

「京料理」の理想形を、東京、神楽坂で見た衝撃は大きかった。最後の水菓子を出し終えた主人がカウンターの向こうから挨拶したのに、僕が応えた。

「素晴らしい料理でした。このまま京都に持ってきてほしいくらいです。今日もテレビで見ていると『ミシュランガイド』で東京の和食店何軒かに星を付けていたようですが、下らない有名店ではなく、この店にこそ星を付けるべきです」

一瞬の間があり、主人がにこやかな笑みを浮かべて言った。

「ありがたいことに、うちの店も二つの星をいただきました」

唖然茫然《あぜん》とはこのことである。僕はもちろん、予約を入れた有能な編集者I氏も、この店に星が付いたことに気づいてなかったのだ。当夜のニュースでは、星の付いた店には予約客が殺到していると伝えていたが、二つも星が付いたのに、『一文字』は喧騒とは無縁の閑静な空気に包まれていた。

さて、何を食べるか

京都で「おひとり」晩ご飯。ハードルは決して低くない。とりわけ、京都で和食をとなれば、大げさに言えば、それなりの覚悟が必要だ。傑出した料理を食べようと思えば、何か月も前からの予約を必要とするのが今日の京都の偽らざる姿だ。「おひとり」京都でそれをクリアするのはきっと不可能に近いことだろう。

「こんな京都に誰がした」。恨み事を言っても詮《せん》ないこと。「おひとり」京都にも、直前の予約にも可能な限りに門戸を広げる店を、何軒かご紹介しよう。

まずは何をおいても和食。京都に来て和食を食べずして何としよう。多くの願いを背景にして、近年京都の街では若手の料理人が次々と店を開いている。三年、五年、有名店での修業を足掛かりにして、祇園で店を開く。ひと昔前には考えもしなかった現象が現実になっている。三年、五年？　三十年、五十年の間違いじゃないのか。京都で修業を積んだ真っ当な料理人ならそう思うに違いない。だがそれは紛うことのない事実。パトロンさえ見つければ、そこそこの技量を持った板前なら、存外簡単に店を開けるのだ。

開店してまだ日が浅い祇園の『T』。夜の1万円コースは、出てくる料理のほとんどすべてがどこかで食べたようなものばかり。三十歳になるかならないか、という若い主人は、一年単位で何軒もの料理店を渡り歩いてきたと自慢げに言う。「心」を学ばず、「形」だけを真似た料理は心を打たない。どこまで通用するのか見ものだ。

完成度はさておき、新奇な店を追い求めるフードライターの眼鏡に敵《かな》う店は、とりあえずの繁盛は約束される。だがそれも、わずかな期間。京都の食文化とは無縁の世界に生きる書き手たちは次なる新店を探し求めて、自らが紹介した店など忘れ去ったかのように切り捨てていく。

つまりは今、京都で注目を浴びている店はある意味で使い捨てられているのだ。Aという割烹に注目し、Aの評判がひと通り行き渡れば次の店に移る。熱病のように騒ぎ立てブログに記していたのが、いつの間にかそれがBにとって代わられるのに何の不思議もない。

目新しさだけを追い求め、真にあるべき姿を見失う。それは何もブロガー、ライターだけに責を負わせるものではなく、その料理人に力量が備わっていなかったことが、そもそもの原因である。神楽坂『一文字』の爪の垢《あか》でも煎じて飲むべき料理人が数多くいるのが寂しい京都の現実だ。

さてそれでは、どこで何を食べればいいのか。まずは和食のおすすめ店から。

2．ひとり晩ご飯のおすすめ店

おひとり和食

割烹はらだ

今、京都で和食を食べるならここ。僕が太鼓判を押す店、それが『割烹はらだ』（地図B、F㊵）だ。

河原町竹屋町下がる。真の京料理を求める客から絶大の信頼を得ていた『割烹忘吾《ぼあ》』。その厨房を預かっていた板長が独立を果たし、店を開いたのは大方の予想を覆して、祇園でも先斗町でもなく、かと言って瀟洒《しょうしゃ》な住宅街でもない、不思議な立地だった。

繁華街の外れ、といってもいいだろう界隈は便利といえば便利な場所。たとえばおすすめホテルの一軒として挙げた『京都ロイヤルホテル&スパ』からは直線距離で七〇〇メートル強。河原町通をぶらぶら歩いて十五分とかからず辿り着ける。

広い河原町通に面しているせいか、うっかりすると見過ごしてしまいそうに、さりげなく店が建っている。祇園辺りの割烹とは趣が異なり、どちらかといえば小料理屋といった風情だ。暖簾を潜り、格子戸を開けると、すぐそこにL字形のカウンター席が並び、着物姿も愛らしい若い女将がやさしい笑顔で迎えてくれる。初めての店で、ホッとひと息つける瞬間である。

割烹はらだ店内

「おまかせ」という名の「おしきせ」料理が増えている。大抵は価格によって三種類。日本のお家芸とも言える「松竹梅」システム。鰻重、天丼、その違いは量であったり質であったりさまざまだが、大抵の日本人は無難に中ほどの「竹」を選ぶ。
京都の割烹や料亭の場合は、品数と質、両面で異なるというのが一般的なようだ。高くなるほど食材が良くなり、品数も増える

割烹はらだ「八寸」

というわけだ。天丼のように海老が二匹か三匹かという違いだけなら、その時の腹具合で決められるが、食材そのものが違うと言われると、迷ってしまうのが人の常。それがもし接待がらみだったり、勝負どころだったりすると、見栄もあって、つい一番高いのを選んでしまう。超高級店を除いた有名どころだと1万5000円から2万円といったところ。これにお酒が入ると2万から2万5000円。

苦手な食材を訊かれることはあっても、好きなものを問われることはまずもってない。すべては料理屋任せになるのが「おまかせ」コース。思い掛けない美味に出会えればいいが、食べたいものがついぞ出てこずじまいだったときのショックは大きい。近頃では時間厳守、客全員の料理が一斉スタートを強制する店も少なくないと聞く。

「食事」を愉しむのではなく、話のネタとしての「食」を探訪したい向きにはそれでもいいだろうが、「おひとり」京都旅の一環として、美味しい晩ご飯を食べたいという希望とは程遠いものになる怖れは充分ある。

さて、『割烹はらだ』。「おまかせ」にもできるがアラカルトで注文しても一向に構わない。食べたいものを、食べたいようにして食べてください、と主人と女将が口を揃える。

壁に掛かる黒い板に胡粉《ごふん》で白々と書かれた「本日のおすすめ」を見るのが愉しい。この店は家主が酒屋さんなので、お酒のことならかなりの融通が利く。とりわけワインに関してはオーソリティとも言える存在なので、あらかじめ頼んでおけば、ぴたりと好みに合ったお値打ちワインを用意してくれる。初めてであっても、もしも好みのワインでもあれば、予約の際に遠慮なく頼んでおくべし。

プアマンズ・シャンパーニュと僕が密かに呼んでいるカヴァを飲みながら、前菜を少しずつ食べる。ここから『割烹はらだ』の時間が始まる。主人と女将、二人だけで商う店、こまごまと前菜を盛り付けるのは女将の仕事。近頃の「おどし」っぽい大皿ではなく、小ぢんまりした器にぎっしりと盛られた数種類の肴《さかな》は、これだけでも充分満足できる。

ここから後は、お腹の具合、懐具合と相談しながら頼んでいけばいい。しっかり食べて軽く飲んでも、軽く食べてしっかり飲んでも、おおむね1万円辺りだ。冬なら牡蠣、蟹、河豚《ふぐ》、そしてスッポン。夏なら鮎、鱧と旬の食材を使った料理に舌鼓を打っていると、旬の京都を存分に愉しめる。四季折々訪ねて、常連になればさらに愉しみは大きくなる。カウンター席には、必ずといっていいほど、ひとり客の姿がある。「おひとり」旅におすすめする所以だが、限られた席数ゆえ、京都旅が決まったなら早めに予約を入れたいところ。

初めて訪ねたときは主人に任せて食べるに限るが、二度、三度と通ったなら多少の我が儘《まま》を交えるのもいい。秘密の裏技をひとつ。『割烹はらだ』の数軒北に『一神堂』（地図B、F㊶）という屋台然としたラーメン屋があり、ここには「ミニラーメン」という小ぶりのラーメンがある。これが飲んだ後にはたまらない旨さなのだ。少々量を控えめにし、〆も辞退して『一神堂』へとハシゴするようになれば、立派な京都通。

カジュアル和食

『割烹はらだ』の向かい側、少し南に下がったところに、町家造りの風情漂う店がある。これが『まんざら本店』（地図B、F㊷）。京都では古くからあるチェーン店の旗艦《きかん》店。ここも気軽に和食を食べられる店として「おひとり」にもおすすめできるが、同じグループの『まんざら亭NISHIKI』（地図G㊸）はさらにカジュアルな雰囲気で、ひとり和食には最適な店だ。

一階のカウンター席もあるが、京町家ならではの急な階段を上がって座り込む二階のカウンター席がいい。オーソドックスな定番和食からアレンジメニューまで、豊富な一品料理から選べるのが嬉しい。夏の京都の食材を代表する鱧も、この店では柳川風のオムレツにしたり、唐揚げにしてサラダ仕立てにしたりとひと工夫されているが、それらが度を越した「創作」になっていないところが好ましい。ワイン、焼酎、日本酒と酒類も豊富に揃っている。

カジュアル和食をもう一軒。前著で紹介した『がぶ飲みワイン洋菜WARAKU』（地図G㊹）の姉妹店にあたる『炭焼　丸釜』（地図G㊺）は、炭火焼メインの和食店。むろんここでもワインはがぶ飲み系。

店名は地名に由来し、丸太町通と釜座通の角に位置することから付いた名前だから迷わず辿り着ける。さほど広くはないが、L字形のカウンター席に着いて、オープンキッチンを眺めながらの夕食はゆったりとした気分で味わえる。

お通し代わりに出される「丸干し」が珍しい。鯖のきずしをアテに、さて何を食べようかと迷っているとスタッフから声が掛かり、本日のおすすめが示される。お造り、煮物、焼き物、どれも地の素材をシンプルに調理する。とりわけ野菜については、シェフの実家が農家であるゆえ一家言ある。生でも旨いが、ちょっと火を入れると野菜本来の甘みが出て美味しい。冬場には「チゲ鍋」といった一風変わったメニューもある。すぐ向かい側には『がぶ飲みワイン洋菜WARAKU』も控えているから、和洋迷ったときには、ともかくここまで来るというのも一法。よほど運が悪くなければ、どちらかの店でがぶ飲みワインを愉しめる。

浜作

カジュアルではなく、正統派の京割烹なら、祇園下河原にある『浜作《はまさく》』（地図F㊻）が一番のおすすめ。昭和二年創業のこの店から京都の板前割烹が始まった、そんな由緒正しき店だからである。

まずはこういう正しい店を知り、その後にカジュアルな店へと移行していくのもいいし、カジュアルな店で、京都の和食に馴染んでおいて、あらためて楷書の店に臨むのもいい。順序は問わないものの、必ず一度は足を運んで、そもそも京都の割烹とはいかなるものなのかを知ってほしい店である。その歴史については『京料理の迷宮』（前出）に書いた通りだが、今の時代のようにガイドブックが出回っていなかった頃だから、当然ながら評判は口コミで伝わる。口コミというものは知己同士で伝わっていくから、客筋が統一される。

「古都の味　日本の味　浜作」と墨痕鮮やかな書は川端康成。谷崎潤一郎が名作『細雪』の文中で「上方の鯛」を絶賛したのは、この店のこと。白洲次郎が通い詰め、あの口うるさい北大路魯山人《ろさんじん》に、「うまいものを食いたければ『浜作』へ行くべし」と言わしめた店である。『浜作』を知らずして京料理を語ることなかれ、と思うのだが、近頃のライターさんたちが一向に足を向けないのは残念至極だ。

予約は必須。「おひとり」にはカウンターでの「松風」コースがいいだろう。軽く飲むくらいなら2万円を超えない。「おまかせ」にしても5000円ほどを足せば済む。一見値が張るように見えるが、食材はもちろんのこと、河井寛次郎、清水六兵衛、叶松谷《かのうしょうこく》など錚々《そうそう》たる作家の器を惜しげもなく使い、熟練の技で調理された料理を食べる口福は何物にも代え難い。

浜作の店内

大した修業もせずに独立し、派手な器と趣向、珍奇な食材を集めて2万円の値を標榜する店では決して味わうことのできない真っ当な料理。本物を知ると偽物は瞬時に判別できる。

瓢正

正統派の割烹で、もう少し手軽な店をとなれば、高瀬川沿い、西木屋町の一角に暖簾を挙げる『瓢正《ひょうまさ》』（地図F㊼）がおすすめ。

ここもまた、文人墨客にこよなく愛された店で、川端康成の代表作『古都』にはこの『瓢正』が実名で登場する。

「今日は島村はんから、瓢正の笹巻きずしを、たんといただきましたさかい、うちでは、おつゆだけで、かにしてもらいました。」と、母は父に言った。

「そうか。」

鯛の笹巻きずしは父の好物である。

（『古都』川端康成《新潮文庫》）

主人公の千重子はこの日、高尾の青もみじ、中川の北山杉を見に行って、ふたごの妹、苗子に偶然出会う。葵祭が終わったばかりの頃。物語のハイライトシーンの後、余韻を味わうようにして、この『瓢正』の笹巻きずしが登場する。

伊万里の皿に笹巻きずしが盛りあげてある。三角形につつんだ、笹をむくと、薄切りの鯛がのっている。（同）

なんとも美しい光景ではないか。

『古都』は昭和三十六年の秋から三十七年の一月まで朝日新聞に連載された。当時僕は小学三年生だったが、祖父が毎朝愉しみに読んでいたので、分からないながらも新聞を広げて、読めない漢字をひとつひとつ訊ねていた。

苗子と千重子が初めて言葉を交わすのは祇園祭の頃。その後、大文字の送り火、時代祭と、京都の風物詩とともに物語は進んで行く。その描写は限りなく美しく、かつ的確に描き出されている。何より感動するのは言葉遣いの美しさ。

高瀬川越しに瓢正を望む

最初の一文をもう一度読んでほしい。「かにしてもらいました」とある。これは「堪忍《かんにん》してもらいました」の京の話し言葉。実に正確である。『森嘉《もりか》』（地図J㊽）嵯峨豆腐、『湯葉半《ゆばはん》』（地図F㊾）の京湯葉などの京名物もいくつか登場し、先に書いたように京都の主要行事の概略も記されていて、京都ガイドブックとしても充分活用できる。ぜひご一読を。

『瓢正』では、先付け、八寸、お造りと続き、〆に件《くだん》の笹巻きずしが付いた「ミニ会席」がまずはおすすめ。6300円というお手頃価格もうれしい。舞妓さんの名入り団扇がずらりと並ぶ店内は京都の風情満点。「おひとり」にもやさしい主人の接客も相俟《あいま》って、京割烹の入門編といったところ。

先斗町ますだ

先斗町ますだ

文人ゆかりの、おばんざいとお酒の店、『先斗町ますだ』（地図F㊿）も「おひとり」京都にはぴったりの店。

京都五花街のひとつ、先斗町のちょうど中ほど。路地の入口角にある『ますだ』はインテリ好みの老舗の酒亭。今では「おばんざい」という言葉がひとり歩きして、いささか意味合いが異なる捉え方をされているが、その辺りは『京料理の迷宮』（前出）をお読みいただくとして、要するに、京都人の普段の食卓に上がるようなおかずをアテにしてお酒を飲める店。

カウンターにずらりと並ぶ大鉢、大皿に、旨そうな肴が並ぶ。「おばんざいよりは、うんと薄味」と先代女将、増田好が言っていたように、ご飯のおかずよりもやさしい味付け。ここではやはり「賀茂鶴」をはじめとした日本酒と合わせたい。

釜めし月村

いつもにぎわっている店。居心地良く、ゆっくりと杯を傾けていると、奥の座敷から司馬遼太郎の豪快な笑い声が聞こえてきそうだ。

京都は文学の街であると同時に映画の街でもあった。今も太秦《うずまさ》の撮影所をメインに、映画の撮影が盛んに行われているが、かつては、今の何倍、何十倍もの映画が京都で撮られたのだそうだ。それゆえ映画関係者ゆかりの店も少なくない。『釜めし月村』（地図F51）もそんな一軒。四条河原町を下り、東に入った細い路地に挙がる暖簾を潜れば、ほっこりやさしい雰囲気に思わず頬がゆるむ。

釜めし月村は細い路地にある

カウンター席に落ち着き周りを見回す。壁に掛かった品書き札を見て、さて何を食べようかと迷う時間が一番愉しい。

分けても煮物が旨い。京都名物、えびいもと棒鱈《ぼうだら》を合わせる『平野屋本店』の「いもぼう」は、ここではニシンを合わせて「いもにしん」になる。「むかしながらのシュウマイ」もこの店の名物。からしをたっぷり付けて食べた後、〆はやはり「釜めし」。

ひとり用の釜で、注文が入ってから炊き上げる「釜めし」は具材を選べるが、一番人気は「とり釜めし」。とりの旨みが染み込んだご飯が熱々で美味しい。釜めしというと、ご飯茶わんに取り分けて食べる店が多いが、ここでは竹のしゃもじで、釜から直接食べる。せっかちな映画人が多かったせいだろうか。ちまちま食べるより、このほうがはるかに旨い。余談ながら僕は、鍋焼きうどんも鍋から直接食べる派だ。小鉢に移す間に冷めるのがいやなのだ。

さて、ここまで何軒か和食の店をご紹介してきたが、内容や値段に違いはあるにせよ、ひとつの共通点があるのをお分かりいただいているだろうか。それは、すべての店にカウンター席があることだ。

冒頭に書いたように、夜の「おひとり」客はどうしても目立つ。特に四人掛けのテーブル席にぽつんとひとりで座っている姿など、いかにも寂しげに映る。そこへいくとカウンター席はありがたい。海外に行くとこのカウンター席というものをバー以外でほとんど見掛けないのが不思議だ。彼らはひとりで夕食をとる習慣がないのか、それともテーブルにひとりで座っていても好奇の視線を感じないほどにデリカシーがないか、どちらかだろう。

カウンター席の利点は他にも、「食」に集中できること、できたてをすぐに食べられること、そして料理人と会話を交わせること、などいくらもある。「おひとり」に限らず、三人までなら可能な限りカウンター席を選ぶのは上に書いた理由からだ。

ひご久

カウンター席といって、真っ先に思い浮かぶのは「鮨」。近年、京都にも本格的な江戸前鮨の店が増えてきたのはうれしい限り。幾多の名店の中で、「おひとり」に特におすすめするのは開店して一年経ったばかりの『ひご久』（地図G、F52）。錦市場の中にあるのだが、ほとんどが店仕舞いした夜だけの営業で、しかも二階の店なので、行き交う買い物客は気づかずに通り過ぎて行く。

ひご久のエントランス

ほとんどマスメディアにも露出しておらず、隠れた穴場なので、本当を言えば紹介するのをためらったのだが、やはりディスクロージャーの時代である。じっくりとご紹介しよう。

まずもって、市場の中の二階、というロケーションがいい。祇園でも先斗町でも、高級住宅街でもなく、気取りのない立地が「おひとり」にはうれしい。

数人用の小さな座敷もあるが、当然ながらカウンター席。広い厨房の中は、鮨屋というより小料理屋然とした気軽な空気。

余計なものをすべて削《そ》ぎ落とした店、ヒノキの一枚板カウンターで主と対峙して真剣勝負を挑むような江戸前鮨もいいが、お酒を飲みながらゆったりとお鮨を食べるなら、断然このくらいのほうがいい。

ある種のゆるさは鮨にも表れていて、「ほどの良さ」を感じる鮨屋である。刺身載せすし飯は論外だが、かと言って、完璧主義を目指すストイックな鮨も、気合いを入れ続けねばならず、疲れを覚えることもある。ガチガチの江戸前ではなく、どことなく京都らしいやさしさが感じられる鮨に舌も心も喜ぶ。

最初に刺身を少し。蒸しアワビやアンキモをアテにして、鯛のカマ焼きか穴子の付け焼きと続けて、鮨を十貫ほど。しっかり旨みの乗ったヅケと、波切り細工が美しいイカは外せないところ。魚によって値段の変動が大きいのは鮨屋の常だから、一概に言い切れないが、おおむね1万円と少しあれば事足りる。よほどでなければ、がっつり飲んで食べても1万5000円まではいかない。そんな見当が付くのもうれしい店。ワインやスパークリングワインを所望するなら予約時に頼んでおけば、ちゃんと用意してくれる。息の合った主人夫婦のやり取りも愉しい。馴染みの鮨屋、行きつけの店を作るならこういう店に限る。

祇園　松田屋

鮨屋をもう一軒。こちらは祇園のど真ん中。『一力茶屋』のすぐ近くにオープンして二年ばかりの『祇園　松田屋』（地図F53）。

前著で詳しく紹介した『鮨まつもと』と同じ並びにあって、さながらここは「江戸前」通りである。滋賀県は野洲出身の主人が握る鮨は本格江戸前。わずか七席ばかりの瀟洒な店構え。シャンパーニュも置いてあって、ついつい酒も鮨も進む。となれば場所柄、それなりの出費は覚悟。何か特別いいことがあったときの「おひとり」京都には奮発して。

カウンターは「立て」がうれしい。鮨が「握り立て」なら、天ぷらは「揚げ立て」に限る。天ぷらと言えば、鮨と同じく、江戸のお家芸だが、『ひご久』にも似て、江戸前と都前のいいとこ取りをした天ぷら、それが『点邑《てんゆう》』（地図F54）。

点邑

御幸町通の三条下る。この界隈は最近、若い人たちのファッションショップが増えてきて、以前に比べると人通りも多く、かなりのにぎわいを見せている。コンクリート打ちっ放し、スタイリッシュなビルの二階にある『点邑』は『俵屋旅館』プロデュース。滞在客のお昼ご飯処としてのスタートだったようだが、今では京都一の天ぷら屋として知られる。

さすがに『俵屋』系だけあって、設えがシンプルで美しく、接客も見事。お江戸と違って、いきなり天ぷらは出てこない。先付け、前菜が出てからということになる。さらにはいくぶん値は張るが、「懐石天ぷらコース」だと天ぷらが出るまでに、お造りを含めて数品の料理が出される。天ぷらを食べたいけど、天ぷらだけだとなぁ、と思ったときには最適。1万5000円からだ。

点邑

東京の天ぷらと一番違うのは揚げ油。香りの強いごま油ではなく、あっさりとした綿実油を使って揚げる。たねを油に落としたらすぐに軽く振って余分な衣を落とすので、軽やかな天ぷらに揚がる。京都の郊外で特別に栽培している分厚い椎茸が旨い。海苔で生ウニを包んで揚げたものと合わせてこの店のスペシャリテ。ぜひとも味わっておきたい。〆は天丼か天茶。僕は天丼派だが、あっさりと〆るなら天茶だろう。シャンパーニュからワインまで豊富に揃うが、オリジナルの日本酒「俵屋」で天ぷらを食べれば、気分はすっかり『俵屋旅館』。

串揚げの店

熱々揚げ立ての醍醐味なら、串揚げだって負けてはいない。串揚げが和食かどうか、いささか心もとないのだが、焼き鳥が和食であるのと同様、串ものは日本独自のものと決めて話を進める。

串揚げと串カツは、何がどう違うのかとよく問われる。厳然たる区別はないのだが、おおむね、大阪名物の「ソース二度づけ禁止」を謳って、甘辛いソースにつけて好みのタネを食べるのが串カツ。対して串揚げは、いろんなタネを順番に揚げていくおまかせスタイルが基本。串カツと違って凝ったタネを塩やソース、醤油系と、指定されたタレで食べる。大抵は二十から三十種類が順に出てきて、お腹《なか》がいっぱいになったらそこでストップを掛けるというシステム。どちらかといえば串カツより串揚げのほうがオシャレ。串カツにはビール、串揚げにはワインがよく似合う。

僕はこの、串揚げというのが大が付くほどの好物。本場大阪をはじめ、全国各地を旅するとまずは旨い串揚げ屋を探すことから始めるくらいだ。

北山通。かつては京都の原宿と呼ばれたこともあったが、今では植物園と鴨川を擁する住宅街として落ち着いた街並みを取り戻した。ブティックや雑貨屋、飲食店がぱらぱらと点在し、表通りから一筋入ったところに潜んでいるのが特徴的。

「植物園北門前」のバス停近くにある信号を北へ上り、二筋越えた左側の奥まった場所にあるのが『北山コロン』（地図C55）。ここを僕は「ニューウェーブ串揚げ」と密かに呼んでいる。

カウンターのハイチェアに腰掛けて周りを見回す。コテコテの大阪串カツとはまったく違った内装は、フレンチビストロやバーの雰囲気。まずはスパークリングワインでのどを潤しながら串を待つ。多くの串揚げ屋で最初に並べられるソースセットがない。ひと皿ずつ供されるからだ。「赤ワインで煮込んだ牛ほほ肉」、「オマール海老のクリームコロッケ」と続き、はてここはフレンチかと見紛うのも無理はない。揚げ手はフレンチ出身のシェフなのだから。ではあるが、「養老豚と粟麩の揚げ出し風」、「ユリ根と蟹身の包み揚げ」などの和風メニューも出てくる。通常、ザク切りで出されるキャベツも、この店では細かく千切りにしてたっぷりと出てくるのもうれしい。値頃のワインも揃い、たっぷり食べて飲んで5000円もあれば大抵満足できる。上賀茂神社、植物園を訪ねての仕上げにもいい。地下鉄烏丸線「北山」駅から歩いて五分ほど。食後は夜の鴨川を散策して「北大路」駅から帰るのも一興だ。

もう一軒。似たような店名の『串かつこぱん』は京都駅近くと先斗町に二軒あってメニューはほとんど同じなのだが、風情でいくならやはり先斗町に軍配があがる。

ぎっしりと飲食店が建ち並ぶ先斗町の三条寄り。『先斗町歌舞練場』の向かいに店を構える『串かつこぱん』（地図F56）。串揚げと謳わないが、カツではなく、かつと書いているのが京都らしいところ。

さほど広くない店の奥へとカウンターが伸び、奥には座敷席もある。むろん「おひとり」はカウンター席指定。ここもまたワインに合う串揚げが、ひと串ずつ順に出される。定番の車海老から変わり種フォアグラまで、どれもがひと工夫してあり、飽きることがない。

十五本ほど食べて、生ビールを一杯、グラスワインを三杯飲んで、5000円でお釣りが来る。『北山コロン』よりは幾分カジュアルな雰囲気。『ますだ』とハシゴをするのも愉しい。早めに串揚げを食べて、『ますだ』で仕上げると至福の先斗町に思わずにんまり。

串かつこぱん

さらなるカジュアル串揚げなら、北大路新町にある『串あげ　あだち』（地図C57）。大通りに面した地元民御用達の串揚げ店だ。

テーブル席もあるが、メインはカウンター。十数席ある中で一番奥が落ち着く。ここには創作串揚げの名物が何種類かあって、それを目当てに行くことが多い。僕が好きなのは「イカスミリゾットの湯葉巻き」、「枝豆のコロッケ」、イクラを載せた「サーモンのクリームチーズ」。若いときならともかくも、全部で三十種類はあるのですべて食べ切るのはかなり無理がある。だからお気に入りのこの三種類は早めに出してもらうように頼んでおくのが、僕のいつものスタイル。ギンギンに冷えた赤ワインもご愛嬌。地元密着型の串揚げは満足満腹間違いなし。おおむね先の二軒と同じ価格帯だ。

おひとり洋食

宮川町　さか

洋食と言っても、いわゆる和製の洋食は意外に夜の店仕舞いが早い。前著で紹介した二寧坂の『みしな』、先斗町の『開陽亭』くらいしか思い当たらない。洋食には一定のボリュームが必要なので、あれこれ少しずつ摘《つ》まみながらワインを、というのが難しいのかも知れない。ということで、ビストロ、フレンチ、イタリアンを一軒ずつご紹介。当然ながらすべてカウンター席がある店だ。まずは花街に新しくできたビストロから。

近年整備された宮川町。夜の佇まいは美しい。隅々まで打ち水された石畳が黒光りする道を歩き、『宮川町歌舞練場』の南側路地を入ると、そこはもうサンクチュアリにも似たお茶屋街。艶っぽさを包むストイックな空気が不思議だ。整然と建ち並ぶ町家の奥に暖簾が掛かり、愛らしい文字で『宮川町　さか』（地図F58）とある。

格子戸を潜り、奥に進むと、京都の町家に典型的な鰻の寝床。十席のカウンターが奥へ真っすぐ伸び、オープンキッチンが広がっている。迎えてくれるのは見慣れた愛嬌《あいきょう》満点のシェフ。そう、この店は新店ながら、以前は切り通し富永町にあって「真夜中のイタリアン」として『京料理の迷宮』（前出）で紹介した『ビストロさか』の新展開なのだ。

「宮川町　さか」のカウンターでワインを。

以前はかなりカジュアルな雰囲気だったのが、この新しい店は京都らしい風情を漂わせたお洒落なインテリア。料理は「洋」だが店の空気は完全に「和」だ。

アラカルトも豊富にあるのだが、ひと皿は二、三人分あって、シェアするようになっているから、ここでは断然「おまかせコース」がおすすめ。本来は二人からとなっているが、〈本書を見て〉と言って予約すればOK。席さえあれば「おひとり」向けのコースを組んでくれる。

夏なら鱧、冬なら河豚。旬の和食の素材を使ったビストロ料理がおもしろい。もっとも京都らしい店ながら、京都を店の名に謳わないのが好ましい。ことさらに「京風フレンチ」などと言わないが、この店ほどに京都を強く感じさせるビストロは他にない。にっこり微笑むシェフの笑顔は、「おひとり」最強の味方。どんなに美味しい料理だったとしても、無愛想なシェフを前にして食事をするのは辛い。ましてや「おひとり」なら尚のこと。カウンターの板一枚を挟んで、軽妙なやり取りができれば、「おひとり」晩ご飯は一気に盛り上がる。

KEZAKO

『宮川町　さか』に負けず劣らずのやり取りを身上としているのが『KEZAKO』（地図F㊾）。

「店」より先に「人」を知ったのはこの『KEZAKO』が初めてのことだった。ステファン・パンテル。不思議な外国人を紹介してくれたのは『草餐なかひがし』のご主人だった。

京都の主だった料理人が食材を求めて集う「大原の朝市」で、彼は目立った存在だった。そもそも外国人が少ないところにもってきて、かなり正確な京都弁を自在に操り、野菜を売る農家のおばあちゃんたちからも慕われているのが見てとれるからだ。いったいどんな人物なのだろうと訝《いぶか》っていたのに中東さんが答えて曰く、「フレンチの変人シェフ」。それはある意味、最大限の賛辞だったのだと、初めて店を訪れ彼の料理を食べたときに気づいた。

「日本人より日本人的な」発想で料理を作り、しかしベースにあるフレンチは決して踏み外さない。それが『ＫＥＺＡＫＯ』の料理。割烹にも似たカウンターで調理風景をつぶさに眺めるのが愉しい。

KEZAKO

野菜がブームになって久しい。雑誌やテレビの撮影となると、取材を受ける料理人もいそいそ畑に出かけていき、いかにも普段からそうしているように野菜を収穫する様子を映し出すのだが、これも畢竟《ひっきょう》パフォーマンス。俄か農家は様にならない。

しかし、この外国人は違った。自ら畑に出かけ収穫する姿勢からは、心底「土」が好きなように見えた。人に見せるためではなく、自ら作る料理のために「農」と関わっていることを、食べてみてさらに実感できた。野菜の使い方が実に巧いのだ。

フォアグラと奈良漬を合わせたこの店のスペシャリテなど、料理のスタイルは一見アヴァンギャルドに見えて、その実、トラディショナルな空気を漂わせているのは、地道に野菜と向き合ってきた結果だと思う。

カウンターに座り、ステファンと掛け合いながら、京都生まれのフレンチを愉しむ。まことにもって素敵な時間だ。

アメディオ

僕にとってイタリアンと言えばスプマンテ。シャンパーニュほどの気取りはなく、価格もうんと安いので、ビール代わりにシュワシュワ飲めるのがうれしい。スプマンテを飲みながら、アンティパスト、日本風に言うなら前菜をあれこれつまんで、魚か肉、メインを一品食べて、最後はやっぱりパスタで〆る。これが僕のイタリアン。

本来、パスタはアンティパストの次に来るのだろうが、日本人的な感覚として、炭水化物は最後にしたい。基本的に僕はデザートを食べない派なので、近頃流行りのプリフィックスコースを苦手としている。必ずといっていいほどドルチェが付いているからだ。

食後の余韻を愉しみたい、そんな特別な夜は濃いめに淹れたエスプレッソをダブルで頼み、マチェドニアとブネットを両方たっぷり食べる。だが、普段は余韻よりも、深い酔いを求める。そんな普段着のイタリアンなら『アメディオ』（地図G㊵）。四条烏丸近くの町家レストラン。

二階にはテーブル席もあるが、「おひとり」は当然のように一階のカウンター席。キッチンの様子が垣間見えるのも愉しい。

ミラノサラミ、季節野菜のフリットミスト辺りでスプマンテをゆっくり愉しみ、ちょっと贅沢にアワビのステーキをメインにして、ペペロンティーノで〆る。スプマンテのボトルを入れても８０００円ほどだったろうか。これが上限だと思えばいいだろう。裏技的にいくなら、二人用のアンティパストミストを頼んで、これだけでじっくりワインを飲む。ほどよく酔いが回ったら、マルゲリータを焼いてもらう。これなら料理だけで２０００円強。たっぷりワインを飲める。

フレキシブルに使えて、それでいて旨い。アクセスもよく、どこのホテルに泊まっても行きやすい。覚えておけば重宝する店だ。

おひとり中華とひとり焼肉、お弁当

中国饗膳　粋廉

和、洋とくれば次は中華となるのだが、これが意外に難しい。昼ならともかくも、夜はワンディッシュではなく、あれこれつまんでワインを飲んで、といきたい。

中華料理というものは円卓に見られるように、大勢で食べることを前提にしている。大皿で供されて、それをみんなで取り分けるのが普通の形であり、ひとりで食べるのには向いていないのだ。餃子やラーメンなど軽い中華ならカウンターもあるのだが、こちらは、パパッと食べて、サッと店を出るのが当たり前。ゆえにワインなどはあるはずもない。

二条城の近くに町家然とした構えで近年店を開いたのは『中国饗膳　粋廉《すいれん》』（地図I㉑）。一見したところ、和食の割烹のような落ち着いた雰囲気で、中華料理のイメージとはかなり懸け離れる。店に入るとまず靴を脱ぐ。上がり込んですぐ、奥へと一本のカウンターが伸びる。テーブル席もあるが例によって「おひとり」の指定席はカウンター。オープンキッチンで調理する主人の動きがすべて見渡せるカウンター席はまた、特等席でもある。

夜は8000円か1万2000円。せっかくだから1万2000円を。下手な京割烹よりもはるかに京都を感じさせる設えの中で、熟達の技で料理した本格中華を思う存分愉しめる。フカヒレの刺身仕立てが珍しい。モダンオリエンタルといった雰囲気で料理が進む。小皿が並ぶ前菜、器や盛り付けはスタイリッシュ。名物フカヒレ姿煮は、ダイナミックに調理され、土鍋でぐつぐつ煮えたまま、目の前に置かれる。

火傷をも恐れず熱々を口に運ぶと至福の味わい。かぐわしい香りに酔い、濃密な旨みに酔う。この店で特筆すべきはお茶の美味しさ。中国茶専門店に勝るとも劣らぬ味わいは、食後の余韻を深めてくれる。繁華街から離れた地だけに、通りすがりの客などなく、落ち着いて食事に専念できる。予約は必須。目指して来る店である。

アルバーチョ・チャイナ

アルバーチョ・チャイナ

中華をもう一軒。こちらは、いろんな意味で『粋廉』とは対照的な店だ。

四条河原町。繁華街の中心地から少し下って東に入ってすぐ。

ビルの二階にある小さな店『アルバーチョ・チャイナ』（地図F㊷）はその店名が示すように、少なからずアヴァンギャルドな中華料理店。春巻きが美味しい中華料理店『芙蓉園』（地図F㊸）の隣のエレベーターに乗って二階に上がる。極小のエレベーターを降りると、そこはもう店内といった狭小な空間が香港の裏町を思わせる。店の中も、中華とは思えないような仄暗《ほの》さ。ゆるやかなカーブを描くカウンター席が印象的な、チャイニーズバーの雰囲気。ベースは四川料理だが、点心も豊富で幅広いメニューが揃う。紹興酒はむろん、焼酎、ワイン、シャンパーニュとお酒の種類も豊か。名物「激辛麻婆豆腐」と点心で飲んだ後、「カニミソふかひれトロミスープ」と「中国たまり醤油まっ黒チャーハン」で仕上げるのが僕のスタイル。ワインをボトルで頼んでも7000円ほど。予算を言ってコースを組んでもらうのも一法だ。ちょっと妖しげな空気が漂う中華は「おひとり」京都を惑わせるかも知れない。

京都ホルモン

ふと食べたくなったら最後、どうしても食べたい気持ちを抑えられない料理がある。その最たるものが焼肉ではなかろうか。

テレビを見ていて食べ歩きのシーン。もうもうと煙の上がる焼肉屋で、煙たそうに目を細め、焼き網に箸を伸ばし、タレのたっぷり染み込んだハラミをひと切れつまみあげ、口に放り込む場面を見たらもうダメ。頭の中は焼肉だらけになってしまう。

京都で焼肉。それも「おひとり」となれば、店は限られてくる。そもそも「おひとり」向けのカウンター席を持つ焼肉屋はほとんどないに等しい。むろん、ディープなホルモン専門、オヤジ御用達の店ならカウンター席もあるだろうが、一見にはなかなか馴染めない。

先斗町の三条寄り。『串かつこぱん』のすぐ近くにある『京都ホルモン』（地図F64）なら、初めてでもゆったりと、ひとり焼肉を愉しめる。テーブル席や、二階には座敷もあるが、一階の入ってすぐのところにあるカウンター席が「おひとり」席。

京都ホルモン

キャンティをボトルで頼み、メニューと首っぴきで品選び。「特上タン」を塩焼きで。「丸腸」と「ゲタカルビ」はタレ焼きで。「焼き野菜盛り合わせ」も忘れずに。「酢モツ」で口直しをして、〆は「特製やきめし」と「チゲスープ」。満腹、満足間違いなしで7000円強。先斗町の雰囲気を味わいながらの、ひとり焼肉は格安といっていいだろう。

たまには本格的お弁当もよし

ひとりで京都を旅する。愉しい半面、結構疲れることもある。

朝から一日歩き回り、あれこれ見て回り、買い物にも精を出して、やっとの思いでホテルに戻る。ひと風呂浴びて、さてこれから晩ご飯、となって、部屋を出るのも億劫《おっくう》になるほど疲れ切ることもある。これから着替えて、店を選んで予約をして、と思うと気が重くなる。そんなときのために覚えておきたいのがお弁当だ。

京都の和食。そのエッセンスをぎゅっと詰め込んだのが老舗料亭のお弁当。デパ地下に行けば迷うほどにたくさんのお弁当が並んでいる。あらかじめそれを買い置き、伏見の地酒なども仕入れておいて、ホテルの部屋でゆっくり食べるという寸法だ。

デパ地下でもいいのだが、せっかくだから茶懐石の『辻留《つじとめ》』（地図F㊺）に頼んでおく。東山三条近くにある『辻留』は裏千家御用の仕出し料理専門店。客席を持たず、出張料理を旨とする。ここの季節の弁当が秀逸。懐石料理がコンパクトに詰め合わせてあり、冷めても美味しいように味付けされているお弁当は「おひとり」ならではの贅沢。

誰にも気兼ねすることなく、ひとりの部屋でゆっくりと味わえば、これぞ極みの晩ご飯。

第五章　京都ひとり泊まり

1．京都本音の宿事情

京都の宿の取り方

『おひとり京都』には、まだまだ難敵がいる。それは宿だ。

年間五千万人を超える観光客が訪れる京都は、慢性的な宿不足。近年、京都を訪れる観光客数はずっと右肩上がりなのに比して、新規にオープンするホテルの数はほとんど横ばいである。小さなビジネスホテルこそ増えてきているものの、大型ホテルや旅館はほぼ以前と変わらぬ状況で、当然ながら宿が足りないという事態が続いている。

梅雨どきや真冬のシーズンオフなら、少々の空きがあっても、春秋の観光シーズンともなると、週末に空き室が出ることはほとんどないに等しい。ましてや祇園祭、葵祭などの主要行事が行われる期間ともなると、一年も前から満室になるホテルや旅館すらある。思い立って京都へ、となっても、宿を確保するのが難しい。

と、これは通常の場合。つまりは二人で訪れた場合の話。

いつ、どこでも、どんな場合でも、客は一人より二人が歓迎されるのが常のこと。たとえば、京都らしい風情《ふぜい》漂う日本旅館に泊まろうとして、二人なら予約できても、一人だと大抵断られる。なぜなら日本旅館というものは、基本的にはひとり客を想定しておらず、最低でも二人が泊まることを考えて作られているからである。

仮に一人当たり1万5000円だとして、二人泊まれば3万円の売り上げになるところが、一人だと半分になってしまう。何もこれは京都に限ったことではないが、日本を旅するとき、ひとり客はおおむね歓迎されないと思っておいたほうがいい。

ホテルとて同じ。大方のシティホテルはツインルームが標準であり、シングルルームは数が少ない。というよりすべてがツインルームというホテルも少なくない。効率から考えればそうなるのも当然のこと。チェックインの手続きに始まって、部屋への案内、チェックアウト後の掃除――。一部屋当たりが一人でも二人でも、ホテル側にかかる手間は同じだからだ。ならば二人客を、となるのが経営者の思いだろう。

唯一の例外とも言えるのがビジネスホテルだが、従来それらは文字通りビジネス客が主体ゆえ、情緒や快適性には欠ける。

京都にひとりで泊まる。そのための大事なポイントは七つ。

1．早めの予約が必須である
2．ネットの宿泊サイトを最大限活用する
3．狙い目はニュータイプのビジネスホテル
4．前日、あるいは当日のキャンセルを狙う
5．常宿を作る
6．京都人の助けを借りる
7．広域京都に目を向ける

少し解説を加えると、1．は桜や紅葉のシーズンには特に重要なポイントである。「おひとり京都」はできればシーズンオフを狙いたいところだが、どうしてもオンシーズンとなれば、1．が最も大事だ。

2．については、昨今のホテルは直接予約よりも宿泊サイトを通じての予約を優先させるきらいがある。ホテルの公式ＨＰで満室の場合でも「一休．ｃｏｍ」や「楽天」なら空きがあるというのもよくあること。これというホテルに狙いを定めたら、公式ＨＰだけでなく、各種の宿泊サイトを比較検討してみるのが肝要である。

3.は今僕がおすすめしているポイント。少し前の「狭い、汚い、臭い」ビジネスではなく、女性ひとりでも安心して快適に過ごせるようなビジネスが増えてきている。「おひとり京都」泊まりには、この新しいタイプのビジネスホテルがイチオシである。

4.も存外有効な手段だ。特に大きなホテルほどこの手は使える。二百も三百も部屋があれば、ひと組やふた組キャンセルが出てもおかしくない。ただ、直前になってもダメ、という場合もあるので、リスクは覚悟して、という注釈付きになる。また、不思議なことだが、ホテルによって、あるいは日にちによって、通常より割高になるケースと、格安になるケースの両方がある。ホテルへ直接電話をして、きちんと確認したい。

5.も「おひとり京都」リピーターにはぜひともおすすめしたい。一度泊まってみて気に入ったら、次のシーズン、あるいは翌年の予約をして帰る、という方法は案外有効である。何より、京都に常宿がある、となれば、一種のステータスにもなるのだから。

6.は一種の裏ワザだ。京都というのは不思議な土地で、どうしても地元の馴染み客を優先する店や宿が少なくない。それを大いに活用しようというわけだ。僕などもよく頼まれるクチだが、紅葉シーズンの最中、

「次の土曜日に泊まりたいのだがどこのホテルも満室で……、何とかならないだろうか」

と電話が入る。

知り合いのホテルマンの何人かに電話を入れれば、大抵はどこかのホテルがなんとかしてくれる。よくあることだ。京都に知己を作っておくときっと役に立つ。
7．も最近おすすめしている裏ワザ。京都にホテルは少ないが大阪ならたくさんある。しかも春秋の観光シーズンといえども、大阪はさほど混まない。大阪と京都はＪＲなら三十分とかからない。大阪に泊まって京都で遊ぶ。これも一法と心得れば可能性はうんと広がる。
「おひとり京都」旅が決まったらまずは宿の確保。1〜7をぜひとも参考にしていただきたいところである。

＊

以下におすすめの宿を列挙する。すべて、ひとりで（もちろん取材ではなく）泊まった上でのおすすめゆえ、その確度は限りなく高いはず。宿は泊まってみないと分からないもの。泊まってはみたものの、とてもおすすめできる宿ではないと掲載できなかったホテルは、大阪、滋賀、奈良を含めて十二軒あったことを付言しておく。

僕のホテル宿泊は年間二百泊にも及ぶ。その内おおむね半分近くは京都、もしくは広域京都のホテルである。京都に住まいながら、京都のホテルに泊まるには理由がある。

どういう風の吹きまわしなのか今もって分からないのだが、「新・旅情ミステリー」というシリーズの執筆依頼が突如舞い込んできたのだ。エッセイは多く書いてきたが、フィクションは一度たりとも書いたことがない。その僕に京都を舞台にしたミステリーを書けと言うのだから驚いた。それも一作や二作ではない。年間四作は書くべしと編集者はのたまうのである。最初は何かの間違いか、そうでなければ、たちの悪い冗談かと思ったが、件の編集者はどうも本気なのだ。

ちょっとしたノリで書き始めたのだが、これが結構おもしろい。おもしろいのだがエッセイを書くのと違って、のめり込まないと筆が進まないことに気づいた。そこで思いついたのが「カンヅメ」というやつである。作家がホテルや旅館にカンヅメになって執筆するというのはよく聞く話。ならばと試みてみれば、これがまことにもって具合がいい。確かに筆が進むのだ。

だが文豪とはほど遠い新人作家だから、当然ながら出版社が面倒を見てくれるはずもなく、自腹で泊まらなければならない。加えて本業があるから、すぐに戻れるような場所でなければならない。本気で京都の宿探しを始めたのはこんな経緯からだ。

そんなに広くなくてもいいのだが、何より快適に仕事のできる部屋でなければならない。

しかもリーズナブルで、ネット接続ができて、セキュリティもしっかりしているホテル。それはちょうど「おひとり京都」にも最適の宿であることに思い当たった。実体験に基づき、自信を持っておすすめできる所以である。

2．おすすめの宿〜京都のシティホテル編

京都全日空ホテル

地下鉄の駅に近いホテルが狙い目

オープンしてからかなりの時間を経て、話題にならなくなったホテルというのは、つい忘れがちになってしまう。この「京都全日空ホテル」（地図G）などがその典型である。オープンしてしばらくはスッチー（今で言うキャビンアテンダント）御用達のホテルとして注目を浴びたのだが、次々とオープンする新しいホテルの陰に隠れてしまい、その存在感を薄くしてしまっていた。開業から四半世紀も経ったホテルだから、さほどの期待も持たずに泊まってみたのだが、これがアタリだった。快適だった上に、新たな発見もあった。「おひとり

京都」には今イチオシのホテルがここ「京都全日空ホテル」である。

まずもってそのアクセスがいい。ホテルオープン当初には存在していなかった地下鉄東西線の「二条城前」駅。その2番出口から歩いて一分とかからずホテルに辿り着ける。大雨でも降らない限り傘要らずなのがありがたい。

京都の地下鉄は南北を通る烏丸線と、東西を走る東西線の二本がある。ＪＲ京都駅からなら、烏丸線で「烏丸御池」駅へ。そこから東西線に乗り換えてひと駅目の「二条城前」駅で降りれば、ホテルは目の前といった按配だ。

東京や大阪と違って、京都はメトロに弱い。縦横一本ずつだけだから、利便性がいいとはとてもじゃないが言い難い。しかし、だからこそ、その駅に近接しているホテルが貴重なのだ。

地下鉄の駅出口から徒歩で一、二分というホテルは京都市内に数少ない。北は岩倉、宝ケ池、国際会館、南は奈良までが烏丸線。東は醍醐、六地蔵、あるいは滋賀県浜大津、西は太秦天神川までが東西線。こうして書き並べてみると、存外その範囲は広い。乗り換えさえ厭わなければ、地下鉄は比較的低価格で移動できる。市内の移動は他に市バスがあるのだが、路線がけっこう複雑で分かりにくいのが難点だ。だから「おひとり京都」旅には市営地下鉄を活用するのが便利。そうなったときに、このホテルの位置は貴重だ。

余談だが、市内をあちこち動き回る日はぜひ「市営地下鉄1Dayフリーチケット」を。600円で一日地下鉄が乗り放題になる。市営地下鉄の範囲内という多少の制約はあるものの、一区間が210円だから一往復半すれば元が取れるという計算。他にも「市バス一日券」や「京都観光一日乗車券」など、割引になるチケットがいくつかあるので、比較検討した上で賢く利用したい。

おひとりにやさしい老舗ホテル

さて、ホテルの公式HPや「楽天トラベル」などの宿泊予約サイトを比較検討した結果、「一休.com」を通じて予約してみた。六月半ばに、平日のシングルだと定価は1万5015円だが、「一休.com」だとなんと8000円！　半額に近いではないか。

京都全日空ホテルの利点は、アクセスの良さに加えてその素晴らしい環境だ。世界遺産のひとつ二条城が目の前に聳《そび》えている。三条、四条界隈の繁華街では決して得られない眺望も期待できる。

玄関で出迎えてくれるのは着物姿の女性スタッフ。いかにも京都らしい対応だ。さっと荷物を預かりフロントへと案内してくれる。さすがに老舗のシティホテルと思える洗練されたサーヴィス。もう一度料金を頭の中で確認する。きっと今流行りの「訳あり」部屋だろうと覚悟を決めてチェックインしようとして驚いた。ツインルームにグレードアップしてくれるというのだ。ツインルームのシングルユースは定価２万３１００円なのである。つまりは65％ＯＦＦということになる。８０００円で二七平米もある広いツインを独り占めできるとはなんともありがたい。

全日空ホテル外観

なんだか申し訳ないなと思いつつも悪い気はしない。ありがたく７０７号室へ案内してもらった。そう、シティホテルだから、ベルボーイが荷物を持って部屋まで案内してくれるのだ。どんなに高級だったとしても、ビジネスホテルだとこうはいかない。スタッフも全員ハートフルだ。

ひとり旅というのは、慣れてしまえば実に愉しいのだが、それでも時々、ふと寂しくなることがある。それは多くが人恋しさだ。だからこそ、やさしくされるととても嬉しくなる。旅先での仮住まいというか、命を預けるホテルでやさしくされると、心からの喜びを感じる。旅に出てよかったと思えるのだ。

と、その逆に、ホテルで冷たくされるととても寂しく、侘びしくなる。ひとり客だからと、明らかに冷遇されていると感じたとき、頼みごとを快く引き受けてくれないとき、やっぱりひとり旅なんてするものじゃないな、と思ってしまう。

都内港区に近年オープンしたホテルでのこと。シングルルームのないホテルだから、きっとひとり客は歓迎されないだろうなと思ったが、泊まってみて予想以上の差別にがっかりした。

案内されたツインルームは低層階の、それも隣のビルの壁すれすれに窓がある部屋。禁煙室希望と書いたのに、煙草の匂いが充満している。タオル類も一人分だけセットしてあり、朝のシャワーを浴びようとして、バスタオルの交換を頼んだら、仕方なしにといった不機嫌そうな応対だった。これで2万円を超える料金はいかがなものかと、客室にあった支配人宛てのアンケートに不満を書いたが、なしのつぶてだった。ひとり旅の気分は宿によって大きく左右されるのだ。

快適！な客室

さて、今回のツインルーム。さすがに眺望はキャッスルビューとはいかないが、七階の高さで、目の前に遮るものはなく、南側、御池通辺りまで見渡せる。一二〇センチ幅のベッドが二台、ベッドにもなるソファと丸テーブル、チェアが備わり、いくらか狭めだが、デスクもノートパソコンを広げて作業するには充分の大きさ。LANケーブルも付いていて、むろんネット接続は無料である。必要にして充分過ぎる設備に思わずにんまり。

まずはバスタイム。ここでもまたビジネスホテルとの差をまざまざと見せつける。伸び伸びと足を伸ばせるバスタブと二人分のアメニティセット、それにバスタオル、ウォッシュタオルが四枚ずつ、フェイスタオルが二枚も用意してあるのだ。

ただシャンプーやリンス、ボディシャンプーは備え付け方式、これはしかし時代の流れだから致し方ないとも思う。エコという観点からいけば必要なだけ取り出して使えて、余計な包装をカットできるのだから、シティホテルといえども今後はこの方式が主流になっていくのだろう。おみやげ代わりにミニボトル入りのシャンプーを持って帰る愉しみを与えてくれるのは、ハイクラスのホテルだけに限られる、そんな時代なのである。

８０００円で泊まっておいて文句を言ったのでは罰が当たろうというもの。のんびりとお風呂に浸かれれば自然と鼻歌が出る。むろんいつでもこの値段というわけにはいかないだろうが、今、京都で「おひとり泊まり」ならこの「京都全日空ホテル」が一番のおすすめである。

と、ここまで一気に書いた段階でいささか心配になってきた。これはたまたまの偶然なのではないだろうか、と。自分で言うのも何だが、僕の本の内容は信頼度が高いと、読者からおほめいただいている。店や宿、おすすめしているところの記述が過大評価でも過小評価でもなく、等身大なので参考になる、とはよく言われることだ。それは一にも二にも、実体験に基づくものだからと自負している。

少しは顔を知られてきて、京都の料理屋さんなどでは顔馴染みということも少なくないが、ホテルの場合、ネットの宿泊予約サイトから申し込んでいるのだから、特別待遇などということはあり得ない。となれば、これは単なるラッキーなのか、それともこのホテルのもてなす姿勢なのか、答えは二つにひとつだ。

と、ここでムクムクと湧きあがってきたのが「再検証しなければ」という悪いクセである。本書を世に問うまでに再度同じ形で宿泊してみて、その結果を報告しなければいけない。一度泊まってグレードアップしてくれたからと言って、京都一おすすめなどと軽々に書いてはいけないだろうと思ったのだ。

きっかり一週間後。同じく「一休.ｃｏｍ」からの予約で、値段もまったく同じ８０００円のプラン。さてその首尾やいかに。

さらなるグレードアップの気遣い

「セカンド・ディスアポイント」という言葉がある。ある、というのは間違いで、正確に言うなら、僕の造語なのだが、これはこれで仲間内では結構通じるのだ。言ってしまえば「二度目の失望」。

何も宿に限ったことではないのだが、大抵の場合、初めての感動というのは、二度目には薄れるのが普通だ。初めて見る景色、初めて泊まる宿、初めて食べたメニュー……、それらは大きな感動を伴う。夢よもう一度、とばかりに感動覚めやらぬ内に再度挑戦すると大抵失望する。「こんなはずではなかった……」と。あの感動は何処へ。

しかし、全日空ホテルのチェックインカウンターで聞いた言葉に、わが耳を疑った。

「今回はデラックスルームをご用意させていただきました」

フロントマンはにっこり笑いながら確かにそう言ったのだ。

実は前回、チェックアウトするときに、

「何かご不自由はございませんでしたか」

そう訊ねられたので、つい、

「大変快適に過ごせました。ただ、一日中部屋で仕事をしていると工事の音が気になりました。大して大きな音ではないし、ずっと気になるというほどのものではないんですよ」

と答えたのに対し、フロントマンは顔を曇らせた。

「大変失礼いたしました。申し訳ありませんでした」

「いえいえ。格安料金で泊めていただいたのに失礼を申しました」

そんな会話を交わしていたのだった。

「こちらでしたら工事の騒音は届かないと思いますので、ごゆっくりお過ごしいただけると思います」

全日空ホテルデラックスルーム

フロントマンはまっすぐにこちらを見てそう言った。
ホテルの南側では、ちょうどこの頃、新築工事が行われていた。聞けば音楽学校だという。低層建築で、しかも躯体工事は終わっていて、騒音というほどの大きな音はたたない。ただ作業員同士の大声でのやり取りや、時折り響く金属音が集中力を途切れさせたことが何度かあった。その程度だったのだ。

本気だなと思った。リピーターというほどではない。まだ二度目の宿泊である。苦情というほどに強い言葉を残した覚えもない。工事の音とて、騒音と呼ぶほどのものではない。おそらくは普通の観光客なら気にならない程度の音だ。

だがその時に客が残した、ほんの小さな声を聞き逃さずに、ちゃんと次回に対応した。素晴らしいことだ。これなら心配は要らない。安心して今一番のおすすめ宿として紹介できる。

ホッと胸を撫でおろしてチェックインしたデラックスルーム、762号室は窓が東に向いていて、大文字山、比叡山が一望できる。クローゼットにはバスローブもあり、バスルームには固定式以外に、持ち帰りも可能なアメニティグッズが豊富に揃っていた。

とてもうれしいのだが、これはこれで悩ましい問題を抱えていて、こういうアメニティをどこまで持って帰っていいのかが、とても気になるのだ。

「ふーん。8000円で泊まっておいて、そこまで持って帰るのか」

と思われたりしないかなと、引っ掛かり始めるともうダメだ。

全日空ホテル客室からの眺め

でも、ダメージヘアー用のシャンプー&トリートメントはとても魅力的で、欲しいのだ。実に悩ましい。

そもそもが、ツインルームでどこまで使っていいのかも、気になるほうだ。シングルユースで予約した場合、僕は必ずひとつのベッドしか使わないし、アメニティも一人分しか使わないようにしている。ベッドに至っては、荷物すら置かないようにするくらいだ。だから連泊となったときに、毎日アメニティをバッグに詰め込むのもあさましいなと思いつつ、だがこれも料金のうちであるぞと、自信満々で乱暴にバッグに放り込もうとしたり、心は千々に乱れるのだ。

「ツインベッド↓両方使った形跡アリ。タオル↓すべて使用済。アメニティ↓すべて持ち帰り。ゴミ多し」などと掃除をした人からフロントへ報告が上がってはしまいか、と思い始めると、部屋を出る際に気になって仕方がない。

あまりに気になったので、ある時、知り合いのホテルマンに訊いたことがある。実体はどうなのか、と。すると彼は一笑に付した。

「そんなことするわけありません。タオルだってベッドだってすべてお使いになって構いませんし、そんな報告などさせていません」

そう言いながら、彼の眼の奥が、ほんの一瞬キラリと光ったのを僕は見逃さなかった。なので体裁を繕うことは今もって続けている。

シャンパングラスを借りて一杯

とりあえずパソコンを取り出して執筆に集中する。デスクも前回よりいくぶん広めで仕事も捗《はかど》る。陽が沈み、東山の峰々が闇に包まれはじめた。ルームサービスで電話をして、ワイングラスの手配を頼んだ。

一日中執筆に専念して、愉しみは夜だ。陽が落ちてからは飲みながら書くことにしている。ここでもまた貧乏性が出てしまい、本来ならホテルのルームサーヴィスで頼むべきワインだが、ディスカウントショップで買った安酒を持ち込ませてもらうのを常としている。何しろ毎晩ボトル一本から一本半は飲むので、ホテルに置いてある高級品だと財布が持たない。特に泡好きと来ているから始末が悪い。おそらくはシャンパーニュ一本頼めば宿泊料を軽く超えてしまうだろうから、何のために安く泊まっているのか分からない。ホテルには申し訳ないのだが、氷とグラスだけをお願いしている。

シャンパングラスはおろか、ワイングラスさえ用意できないホテルも少なくない。さらには時間のかかること、かかること。レストランから借りてくるのかも知れないが、電話をしてから十数分かかってようやく、などは当たり前だ。

ここでもまたこのホテルの輝きが増す。都合十泊して、その都度毎晩のように「氷とシャンパングラス、ワイングラス」を頼んで、五分以上かかったことは一度もなかった。受話器を置いて、ものの二、三分もすれば、笑顔と共に届けてくれるのだ。これもうれしい。

このホテルの良さはまだまだ他にもあるのだが、ここのことだけを書いているわけにもいかない。あとひとつだけ。それはJR京都駅とホテルを結ぶシャトルバスの存在、これも「おひとり京都」旅におすすめする大きな理由。

地下鉄を利用できない観光地を訪ねるには、まず京都駅へ、というのが僕のおすすめ。ここを始発とするバスや列車が多いので、満員の中に無理やり乗り込むこともなければ、ほぼ確実に座れるのもありがたい。その京都駅まで無料で乗せて行ってくれるのがシャトルバス。JR京都駅の八条口とホテルの間を十五分置きに往復している。駅ビルをはじめ京都駅近辺は近年、著しく開発が進んでいる。お土産を買うにも最適だし、ランチタイムを兼ねても悪くない選択。烏丸御池で乗り換えて、地下鉄で京都駅まで行こうと思えばホテルからは250円かかるのだ。

長々と一ホテルについて書いてきたが、数え切れないほど多くのホテルに泊まってきて、これほどに快適に過ごせた宿も珍しいのであえて紙幅を割いた。

二十五年の時を経て、再び輝きを増し始めた「京都全日空ホテル」。「おひとり京都」のみならず、二人でも家族でもおすすめしたい宿である。

京都ロイヤルホテル&スパ

安く美味しい食にも出会える宿

何より、これ以上望むべくもないアクセス至便な立地に建っているのが「京都ロイヤルホテル&スパ」(地図F)。京都のメインストリート、河原町通に面した三条近辺にある。地下鉄の駅で言えば東西線、「京都市役所前」駅。一番出口から歩いて一分ほどで辿り着けるのはありがたい。ただJR京都駅からだと烏丸線と乗り継がねばならず、その意味では市バスのほうが便利だが、いかんせん渋滞必至の通りなので、急ぎの場合にはおすすめできない。

アクセス至便なこのホテルのもうひとつの特徴はカジュアルな雰囲気。フレンチのメインダイニングなどはなく、ホテルの顔とも言うべきレストランはその名も「カジュアルレストラン・プランディア」、格安ブッフェで人気だ。

僕が泊まっていたときには、二十種類の料理食べ放題と、赤、白ワインを含めてお酒飲み放題でなんと2500円という安さだった。九十分という時間制限はあるものの、ランチならともかく、2500円で飲み放題まで付くとは、なんとも太っ腹なレストラン。

このホテルはおもしろい造りになっていて、河原町通に面したこのレストランから入ってもホテルのフロントに行き着けるのだ。つまりはレストランを利用しない客であっても、宿泊客はここを素通りして部屋に行くこともあるというのが、少しばかり不思議。四条や祇園辺りからを含め、おおむねショートカットになるので、徒歩の泊まり客は正面玄関からではなく、このレストランを通り抜ける。だが、ここでも僕は気が引けてしまう。食事もしないのに通り抜けして申し訳ないと思うのだ。なので宿泊客であることをアピールするために、わざとルームキーを手に持ってレストランに入っていくのだ。

レストランを抜けてフロントの手前にはパティセリーがあり、スイーツが並んでいる。それを横目にチェックイン。予約は大抵「一休.com」を通したが、おおむね7500円から9000円の間だった。立地、部屋の広さを考えるとかなりお値打ちなのだが、このホテルの弱点がひとつあって、それは土曜日の宿泊がかなり高額になるということだ。平均すると平日の倍近くになる。連泊する身にこれは応える。きっと需要が多いのだろうが、何とか考慮してもらいたいものだ。

「スーペリアシングル」は一八平米と、頃合いの大きさ。ネットもサクサクと軽快だ。眺めはというと、中庭側だったり、建物が並ぶ北側だったり、遥かに山並みを望む、といった眺望ではなかった。だが圧迫感があるわけではなく、まぁ街中のホテルだからこんなものだろうな、と誰もが納得できる程度である。

やや古びた感はあるものの、インテリアデザインも悪くない。テレビは液晶だし、デスクもノートパソコンを広げて作業するには充分な大きさを備えている。街中にある割には騒音も気にならない。

そして、なんといっても立地のよさである。日暮れて、さて今宵は何をどこで食べようかと思い、ホテルを一歩出れば、歩いて行ける範囲に夥《おびただ》しい数のレストランがある。選び放題といってもいい。そう、このホテルは何でも「放題」なのだ。食べ放題、飲み放題、選び放題。

と、エレベーターを降りてふと気になったのがホテルの地下一階。ロイヤルアーケードと記されているが、内容は不明。ホテルの公式ＨＰにも詳細は記されていないが、レストラン、という文字が記されている。かつてこのホテルのオープン当初には中華料理をはじめとして何軒かのレストランやショップが並び、けっこうなにぎわいを見せていた。それを思い出して地下に降りてみると……。

やはり「放題」だった。中華バイキングを専門とする外食チェーンがテナントとして入っている。メニューを見れば夕食ディナーは２０００円で食べ放題とあった。お酒は１０００円プラス。すなわち食べ飲み放題だと３０００円。一階のレストランよりは５００円高くなるが、制限時間は二時間と、三十分長くなる。うまく計算できているのだ。

それにしても、なぜこの中華レストランの存在をアピールしないのかが不思議だ。通常テナントだったとしてもホテルのＨＰには必ずその概要が記されているか、もしくはリンクしている。なのにこのホテルの公式ＨＰには内容はおろか、店の名も記さず、ただ「レストラン」とだけ書かれているのには何か訳があるのだろう。「放題」を強調されるのを好まないのか、テナントとの契約が円満ではないのか、ちょっと気にはなるが、旅人にはそんなことはどうでもいいことだろう、とこれ以上は追及しないようにしているのだが、それでもホテルに行く度に気になって、地下へ降りてこの中華レストランの存在を確かめずにはおられないのだ。

ホリデイ・イン京都

回転寿司のルームサービス

「ホリデイ・イン京都」（地図B）は世界的なホテルチェーンであり、京都でも老舗の部類に入るほど馴染みが深い。場所は洛北高野。中心街からはかなり離れることになる。それを不便と取るか、喧騒《けんそう》を逃れられると取るかは考え方ひとつ。

JR京都駅からは市バスか、もしくは地下鉄と市バスを乗り継ぐ。だがこのホテルも京都駅八条口からシャトルバスを運行していて、これなら無料で三十分とかからずホテルへと辿り着ける。ただし本数は若干少なめで一日九本。ここに泊まると決めたら運行時間をチェックして新幹線を選びたい。

このホテルの最大の利点はその立地。アクセスがよくない代わりに環境がいい。春には桜が咲き乱れる高野川沿いに建っていて、うまくすれば、五山の送り火で知られる「大文字」や「妙」「法」などの山々が間近に望める。部屋は広々としていて、すべてが一四〇センチ幅のダブルベッドなので、ゆったりと寛げる。

アクセスがよくないと書いたが、それはJR京都駅からのことであって、岩倉や大原、鞍馬、貴船など、洛北方面へ向かうなら、格好のベース基地になる。ホテルのすぐそばにあるバス停から洛北へ向かう市バスや京都バスが多く走っているからだ。

平日予約で7500円。これは「楽天トラベル」からの値段。部屋の広さ、設備を考えると充分リーズナブル。「京都大原三千院。恋に疲れた女がひとり」で旅するにも格好のホテルだ。バスに揺られて三十分ばかり、早くも色づきはじめた紅葉が目に、そして心に染みる。

と、それはさておき、現実に戻る。ここもまたきわめてカジュアルなホテルだ。夏期限定ではあるがビアガーデンもあるホテルで、レストランは三箇所あるが、どれもがお手軽、取り分け「魚倖」という鮨割烹がおもしろい。

通常、シティホテルの寿司屋というものは値段もしっかりしていて、気軽に暖簾を潜れるものではない。銀座や西麻布ほどではないが、浅草で食べるよりは値が張る。ひとり旅でふらりとホテルの寿司屋に入るとなると、かなり勇気が必要だ。だがこの「ホリデイ・イン京都」にある鮨割烹「魚倖」なら勇気は要らない。鼻歌でも口ずさみながら、スキップしながら入って行ける。何しろカウンターの上では寿司が、くるくる回っているのだから。そう、ホテルなのにこの店は「回転寿司」なのだ。

ひと皿１０５円から７３５円まで、握り寿司がくるくる回る光景を、まさかホテルのレストランで見ようとは。ビアガーデンと同じく、「京都に来てわざわざ……」となるのが「回転寿司」だが、これもまた考え方ひとつ。気軽にカウンターで寿司をつまむ、となれば、サクッと食べる夕食として、悪くないセレクト。ジモティー（地元民）気分にもなれる。ちなみにこの店の寿司はルームサービスしてくれるので、部屋で食べることもできる。

さて、なぜホテルなのに「回転寿司」かと言えば、ホテルに隣接して「カナート洛北」という大きなショッピングセンターがあり、この「魚倖」は、そことの間にあるからだ。つまりはショッピングセンターの客もターゲットになっているというわけ。ホテルと「カナート洛北」は専用の通路でつながっていて、それはそれで便利なこともある。書店、ＣＤショップ、スーパーマーケット、薬屋、花屋などが並んでいる。

雨降りなんかで、外に出る気がしないときなどは、この「カナート洛北」の売り場でお弁当やお惣菜を買って、ホテルの部屋で食べるという手もある。

旅というものは存外疲れるもので、特に一日中歩き回った後、食事に出るのも億劫になることがよくある。そんなときは「部屋食」に限る。とは言え、ホテルのルームサーヴィスはかなり値が張る。品揃え豊富な食品売り場を備えるショッピングセンターが隣接しているというのは、こういうときに重宝する。名店というほどではないが、地元京都人に愛されている蕎麦屋やお惣菜屋も出店しているので、意外なところで「京の味」に出会うという愉しみもある。「おひとり京都」、リピーターには特におすすめしたいホテルだ。

ホテルモントレ京都

展望温泉のあるホテル

今回おすすめしているシティホテルの中で、もっとも新しいのが「ホテルモントレ京都」（地図G）。オフィス街の真ん中、烏丸通りに面して建っている。繁華街でもなく風光明媚ではない地に、ビジネスホテルではなく、シティホテルがオープンしたことに少なからず驚いた。好奇心旺盛な僕は間をおかずに泊まってみて、その訳が分かった。シティホテルの形を取りながらも、ビジネスニーズに応えることも大きなターゲットになっていたのだ。ならばこの立地はベストに近い。

京都のビジネス街の中心地は四条烏丸。「ホテルモントレ京都」があるのは六角烏丸上る。

この間の距離は四〇〇メートルあまり。京都出張のビジネスマン、ビジネスウーマンにとっては願ってもない場所だ。

では、一方で観光客にとって、この立地はどうか。これが意外に悪くないのだ。地下鉄烏丸線の「烏丸御池」駅、「四条」駅、どちらも徒歩圏内である。そして何より興味深いのは、今この三条烏丸近辺は伸び盛りで、若い人をターゲットにした店や施設が続々とオープンしていることだ。新たな京都の顔になりつつある場所に、このホテルは建っている。

いかにも若い女性が好みそうなファサード、ロビー、そして客室。モントレグループに共通するスタイリッシュなデザインは、ここ京都でも健在。二〇平米の「スーペリアシングル」を平日９０００円で予約した。例によって「一休．ｃｏｍ」経由である。

チェックインを済ませると、ベルガールが部屋まで案内してくれ、ここがビジネスホテルではないことを実感させてくれる。エレベーターを降りて、客室へ向かう廊下にガラスドアがあり、その横にあるセンサーに部屋の鍵をかざさないと、このガラスドアが開かないシステムになっている。セキュリティがしっかりしているのは心強

スパ・トリニテ展望温泉

い。これなら「おひとり」でも安心。

広々と、とは言い難いが、それでも狭さは感じない。眺望がいいとは言い難いが、それでも圧迫感はない。つまりは、ほどほどのところ。広めのバスタブを備えたバスルームがいい。アメニティも充実していて、気持ちのいいバスタイムを過ごせそうだが、実はこのホテルの最大の特徴は最上階にある天然温泉。部屋ではシャワー程度に留め置き、ぜひとも「京都で温泉」を体験していただきたい。

十三階にある「スパ・トリニテ」。一回券だと1575円。滞在中使えるパスポートは2500円。これを高いと思うか適価だと思うか、意見が分かれるだろうが、実際に湯船に身を沈め、温泉に浸かりながら、西山を眺めていると、そんなことは忘れてしまいそう。横長の湯船は西に向いていて、大きなガラス窓の向こうに京都の市街地が広がっている。北から南へとゆっくり視線を流していく。温泉に浸かりながらのこの眺めは、このホテルならではだ。期間は限られているが、スパが無料になるプランもあり、温泉狙いの向きは必ずチェックしておきたい。

場所は京都。佇まいは英国風。なのに展望温泉。この不思議なトライアングルを愉しみたい。

3．おすすめの宿〜京都のビジネスホテル編

ホテルマイステイズ京都四条

近年、ビジネスホテルの進化が著しい。かつてはオヤジ専用のようだったのが、女性の社会進出が目覚ましくなってきたのを受けて、女性ひとりでも安心して、快適に泊まれるようなホテル作りをいち早く進めてきたのが、ビジネスホテル業界だ。

四条通を烏丸通から西へ。室町通、新町通を越え、しばらく進むと北側に見えてくるのが「ホテルマイステイズ京都四条」（地図G）。「マイステイズ」は、ウィークリーマンション東京を母体として、急成長を続けるビジネスホテルチェーン。オープンして間がないだけに真新しい建物に期待が膨らむ。「最安値宿泊予約」を謳い文句にする「ベストリザーブ」サイトからの予約は、平日デラックスシングル一八平米、7500円だ。

まずもって立地がいい。このホテルの所在地は、下京区傘鉾《かさほこ》町。祇園祭の主役とも言える鉾町、由緒正しき地に建つホテルなのである。

ホテル一階には和食レストランがテナントで入っていて、それを横目にエレベーターで二階に上がるとフロントがある。ビジネスホテルとは思えないお洒落な造りだ。カードキーを受け取り客室へ。

九階の客室に入って驚いた。京都市街を一望のもとに見下ろせるのだ。予想外の眺望にしばし見とれ、改めて部屋の中を見回すと、さすがに新しいホテルだけあって、あちこちに工夫がこらされている。大きなデスク、広いベッド、むろんＬＡＮ接続も何の問題もない。これなら快適に過ごせそうだ。窓に向かうデスクが珍しい。ノートパソコンを開いて、仕事をしながら京都盆地を囲む山々を眺める。京都広しといえども、このシチュエーションは唯一かも知れない。

マイステイズのシングルルーム

部屋の広さというものを考えるに、この一八平米は、ひとつの基準になるものだ。ツインルームとしては狭いだろうが、シングルとしては必要にして充分な広さだ。逆にこれ以上無駄に広いと、だだっ広く感じてしまうのがシングルルームというもの。泊まり歩いた経験からいけば、シングルは一八平米から二三平米辺りがちょうど頃合いの広さ。

だが、人間と言うのは不思議なもので、ただ単に数字だけで広さを感じるものではない。天井の高さや、ベッドの大きさ、配置、家具のスタイルなどで実際より広くも狭くも感じる。分けても窓からの眺望は大きな影響を与える。多少狭くても見通しのいい景色だと開放感を伴って広く感じ、逆にどんな広い部屋でも窓のすぐ向こうが隣のビル壁だったりすると、圧迫感を伴って狭く感じる。ひとり旅は、時に物思いに耽ったりすることが多いので、「窮屈さ」を感じさせないというのは重要なポイント。このホテルをおすすめする一番の理由である。四条烏丸、ビジネスの中心地から徒歩圏内にあって、この眺望を得られるのは「おひとり」でなくともうれしいものだ。

リノホテル京都

「リノホテル京都」（地図I）は、ちょっと変わった場所、西院にあるホテルだ。西院と書いてサイインと読んだりサイと読んだりする。「西院《さいいん》」駅は阪急電車京都本線の主要ターミナルとして機能していて、京都から言えば、大阪への出口といった位置づけだ。ちなみにこの路線は四条「河原町」駅を終点としていて、始発駅は大阪の梅田。西院、大宮、烏丸、と四条通の地下を走っているので、京都市内では地下鉄という位置づけにもなっている。

京都一の繁華街、四条河原町から西院まではおおむね数分の乗車時間。時間帯によっては市営地下鉄より本数が多いので、市内観光にはまったく不便は感じない場所にある。加えてホテルから歩いて三分ほどの場所に、京福電鉄嵐山本線の「西院《さい》」駅があるのだ。

十分間隔で四条大宮と嵐山をつなぐ愛らしい電車が走っている。西院から嵐山までは二十分ほどの近さ。嵐山、嵯峨野方面の散策には格好の基地となる。

リノホテル京都客室からの朝陽

ビジネスホテルとは言いながら、ここにはホテル直営のスポーツクラブがあり、宿泊客は1000円で利用できる。室内プール、フィットネスジム、大浴場、サウナ、ジャグジーと豊富なアイテムが揃っているので、なまった身体を引き締めるのには最適。このホテル、ビジネスホテルとシティホテルのいいとこ取りをしているのだ。
地下には京都の老舗焼肉店『天壇』がテナントとして入っているのも珍しい。京都は牛肉の美味しい土地柄、ひとり焼肉も悪くない。あるいは一階正面に店を構える『モスバーガー』。なんと部屋までハンバーガーをデリバリーしてくれるというサーヴィスまである。室内プール、焼肉、ハンバーガー、とかなり不思議な取り合わせだが、ホテルとしてはおもしろい試みだ。

ビジネスホテルの予約サイト「ベストリザーブ」からの予約は、シングルルーム一九平米が６５００円。場所から考えるとかなりお値打ち。ひと仕事終えてから夜七時にチェックイン。と、フロントマンが言った。

「当ホテル自慢のエグゼクティヴフロアのお部屋をご用意しましたので、ぜひご体験ください」

幸運にもノーチャージでのアップグレード。喜んで最上階の部屋へと向かう。

エレベーターを九階で降りると何やら妖しい雰囲気。エレベーターホールに「五山の送り火」をモチーフにした照明が暗い廊下に浮かぶ。情緒があるようでもあり、ちょっと怖いようでもある。

エグゼクティヴフロアといっても部屋の大きさは同じく一九平米だが、改装仕立てと見えて、内装が新しく、気持ちがいい。窓は東に向いていて、デスクも窓側にある。つまり東山三十六峰を眺めながら仕事ができるのだ。これはなかなか得難い眺望。

ターミナルだけあって、周囲に飲食店は豊富にある。居酒屋、牛丼屋、カフェ、ラーメン店、ワインバー、蕎麦屋。すべてが歩いて二、三分の距離にあるのはありがたい。コンビニ、スーパー、ドラッグストア、家電量販店も徒歩圏内。近頃、都で流行るもの、「京都に住まう」感覚で利用するには最適のホテル。日にち、サイトによってかなり料金に差があるので、充分比較検討してから予約したい。

ヴィアイン京都四条室町

JR西日本グループが展開しているホテル「ヴィアイン京都四条室町」(地図G)である。ビジネスホテル激戦地の四条烏丸近くにある。先に書いた「ホテルモントレ京都」の裏手辺りになる界隈は、和装業界のメインエリア。京都らしい風情が漂う室町通に、町家風の控えめなファサードで建っている。エントランスはビジネスホテルというより和風マンションの趣だが、チェックインカウンターはやはりビジネスっぽい雰囲気。

「ベストリザーブ」サイトから予約したのはリラックスシングルルーム一六平米。平日6900円。7000円を切るとかなり割安感がある。高層ビルが建たない地域なのか、それとも周囲との調和をはかったのか、今どきのホテルにしては、八階建てと比較的低層建築。

リラックスシングルルームがあるのは三階だった。窓は東向きだが、前の通りが狭いので、向かい側のビルがすぐ近くに見える。圧迫感があるほどではないが、眺望は期待できない部屋だ。ただ採光は問題なく、カーテンではなく戸襖のようになっているのが珍しい。

この部屋の最大の特徴は、マッサージチェアが付いていること。ゆえに「リラックスシングル」なのである。たしかに仕事に疲れてひと休みするとき、マッサージチェアの効果は絶大。思った以上に仕事がはかどる。ＬＡＮ接続も快適で、デスクもゆったり、ベッドは一四〇センチのワイドサイズ。値段を考えればかなりお値打ちだ。烏丸通からひと筋西に入った通りに面しているので周囲は静か。光を遮断する戸襖も相俟《あいま》って安眠は約束される。

エレベーターホールには電子レンジが設置してあり、これはなかなかいい試みだと思った。「おひとり」京都。部屋食という選択肢は大いにある。デパ地下などでお惣菜を買ってきて、部屋でゆっくり食べるのもひとり旅ならではの愉しみ。そんなとき、電子レンジがあると重宝する。旅疲れしたときなど、日中歩きまわ

ヴィアイン京都四条室町

った成果を振り返り、デジカメで撮った写真をパソコンに落とし込んだりしながら、京都の老舗弁当に舌鼓を打つのも乙なもの。

ぐっすり眠って翌朝は、ロビー横の朝食会場で無料の朝ご飯。パン、コーヒー、サラダといたってシンプルなメニューだけだが、身体を目覚めさせるのには充分だ。マッサージチェアを使い放題の部屋で6900円。豪華な朝食を期待するのは無理というもの。マッサージチェアの付かない通常のシングルなら5900円。安くて快適なホテルは「おひとり京都」にぴったり。

4. おすすめの宿～広域京都に泊まる

この章の冒頭にも書いたが、慢性的な宿不足に見舞われている京都。主要行事や祭りがおこなわれる日の宿泊予約は事実上困難だと言ってもいい。たとえば「祇園祭」の宵山。七月十六日のホテルを京都市内で確保するのは、絶対といっていいほど無理だ。

だがこういう時に限って知人友人から依頼が入る。「なんとかして!」。悲鳴に近い声を聞いて無視できるほど気が強くない。伝手《つて》を頼り、頭を下げて頼み込んで、何とか一部屋確保できたとしても、多大な出費を覚悟せねばならぬ。僕ならきっと断るだろう高額であっても、知人たちはどうしても「祇園祭」を見たいという欲求が勝って、飲んでしまうようだ。地獄の沙汰も金次第とはよく言ったもので、懐に余裕がなければ、願いは無惨に打ち砕かれる。

しかし、諦めるのはまだ早い。京都をこよなく愛する旅人、とりわけ「おひとり」に僕が福音をもたらそう。それは「広域京都」泊まりという発想である。何度も書いているように、京都は慢性的な宿不足だが、一方でお隣の大阪はいささか供給過剰の様相を呈している。

経済原理がここで働く。売りたくない側より、売りたくて仕方がない側を選ぶのが賢明ということ。

この項を執筆している二〇〇九年六月末の時点で、七月十六日、京都のホテルでひとり泊まりはほとんどが満室状態、しかも普段の倍以上の金額を設定している。そこで大阪の出番だ。以下でおすすめしているホテルすべてに空きがある。しかも宿泊予約サイトを通した場合、「琵琶湖ホテル」を除いて、下は７２００円から上は８５００円までという安さ。

京都へ来たのに大阪？　と思われるかも知れないが、両者の距離は想像以上に短い。ＪＲの新快速なら三十分とかからないのだ。大阪府下、茨木や高槻ならさらに近い。ディズニーランドで遊んで都心のホテルに泊まるのと同じ感覚だといえば分かりやすいだろうか。

頭を柔らかくすれば、願いは意外と簡単に叶う。あるいは温泉狙いもよい。ここ数年、京都でも嵐山や大原など、温泉を掘削して見事に掘り当てたところがあるが、意外と盛り上がらず、京都と温泉は相性がよくないのかなと思っている。前述の「ホテルモントレ京都」なら、天然温泉を愉しめるが、これはかなり稀な例。温泉のあるホテルを求めて他府県に泊まるのもいい。

京都から離れて泊まり、京都へ行く、という感覚もなかなかに味わい深い。

クロス・ウェーブ梅田

春、秋の観光シーズン、京都のホテルが週末はまったく取れないことを実感した頃に出会ったのが「クロス・ウェーブ梅田」(地図K)だ。ホテルにカンヅメになれば仕事が大いにはかどることを知り、毎週末ホテルに籠ろうとしたが、土曜日がネックとなって予約できない。木、金は問題ないが、土曜になると急に空室がなくなるか、もしくは値段が跳ね上がる。

多少の変動はやむを得ないとしても、自腹を切る身としては、1万円を超えたくない。となれば、どうしても京都には泊まれない。ただ、土曜日の朝は本業があるので京都に戻らなければならない。こうして京都へのアクセスがいい宿を求めることになり、結果それが「おひとり京都」おすすめの宿になるのだから、何でもやってみるものだと実感する。

さてこの「クロス・ウェーブ梅田」には「セミナーハウス」という枕詞が付いている。つまり正確に言うと、ここはホテルではなく研修施設。したがって子供は不可、多くは宿泊を伴う企業の研修用に使われている施設だ。

その趣旨からして、「おひとり」泊まりには理想的なホテルである。研修を目的とした客が大半だから、ヘンな客はいないし、子供が騒ぎたてることもない。エレベーターの中で観光客の会話が飛び交うこともなく、心静かに過ごせる。

クロス・ウェーブ梅田のシングルルーム

ＪＲ大阪駅、もしくは「阪急梅田」駅から歩いて十分ばかり。扇町公園に隣接して建っている。ＪＲ京都線の京都駅から大阪駅までは、新快速電車利用で二十八分。阪急京都線なら四条「河原町」駅から梅田駅までが特急電車利用で四十四分。意外と近いのだ。さらにはこのホテルの最寄駅である「扇町」駅からは、阪急千里線を経由して嵐山まで一時間とかからず辿り着ける。これは存外知られていないが、嵐山嵯峨野観光にはかなりの威力を発揮する立地なのだ。

ある時、東京からこのホテルに直行しようとして新大阪駅からタクシーに乗ったが、その近さにも驚いた。十二、三分なのだ。となれば、東京からならホテルに直行して荷物を置き、京都へ出掛けるというのも新鮮な旅になるかも知れない。高い料金を払って無理に京都のホテルに泊まることはないのだ。

ほとんどがシングルルーム。十六平米の広さに大きなデスクと一四〇センチ幅のゆったりしたベッド。バスタブが一四〇センチ幅と大きいのも特徴。この部屋に何泊しただろうか。数十泊は超えると思うが、不快な記憶はまったくない。窓から大阪名所、ビルの上の観覧車が見える部屋もあり、ここからは頻繁に飛び交う飛行機も遠くに望むことができ、なかなかの眺望だ。研修施設とはいえ、一般のホテルと比べて遜色がないどころか、落ち着いた内装などはこちらのほうが上である。

スタッフの応対もまことに気持ちがよく、滞在中は何かと気遣ってくれる。大阪に常宿を持つとは思いもしなかったが、それもこれも京都との至便なアクセスがあってこそだ。

じつは、この界隈はビジネスホテルの超激戦区。周辺のホテルにも何軒か泊まってみたが、やはりこの「クロス・ウェーブ梅田」にはとても敵わなかった。

ホテルのすぐ近くにはコンビニや飲食店が多数建ち並び、食べることにはまったく不自由しないし、近辺には『天神橋筋商店街』という大阪名物もある。ここはアーケードが連なる日本一長い商店街。一見の価値ありだ。あるいは『曾根崎心中』ゆかりの地である『お初天神』も徒歩圏内なので、京都のみならず大阪観光を兼ねる、というおまけも付いてくる。大阪泊まりなら、まずはここをおすすめする所以だ。予約サイトで７０００円台から。

ワークホテル高槻

大阪に泊まるのなら、それよりさらに京都に近い高槻に泊まるのもアリかなと思って、検索して「ワークホテル高槻」（地図Ｋ）を見つけた。高槻にもＪＲと阪急電車、両方の駅があり、そのいずれからでも徒歩で五分とかからない場所にある。商店街にある小ぢんまりしたプチホテルだ。

ＪＲ京都駅から「高槻」駅までは快速電車利用で約二十分。阪急京都線河原町駅から「高槻市」駅までも、特急電車で同じく約二十分。大阪からよりはいくぶん近い。

六階建ての小さなホテル。シングルルームは一六平米。ベッドサイズは一四〇センチと前述の「クロス・ウェーブ梅田」とほぼ同じサイズ。雰囲気や内装がよく似たホテルは使い勝手もいい。液晶テレビ、ＬＡＮ接続と設備も整っていて、大阪ほどではないが周辺には飲食店やコンビニも多く存在して、不便さは一切感じない。

このホテルの一番の特徴は一階に「利楽園」という本格的なボディケア施設があり、リフレクソロジーやアロマトリートメントが気軽に受けられること。ありがたいことに宿泊客は20％割引になると聞いて行かない手はない。

女性はもちろん、男性客でもＯＫ。個室で六十分のアロマトリートメントを受けたが、これはヤミツキになると実感した。アロマの香りに合わせて、ハンドマッサージを受ける心地よさは、まさに夢見心地。何度か受けたが、いつも後半はまどろんでいて、終わったことすら気づかないほどだ。定価で７０００円。宿泊割引で５６００円は激安といってもいいだろう。これだけでもこのホテルに泊まる価値あり。

ホテル日航茨木大阪

高槻がアリなら茨木もアリだろうという単純な発想で行き当たったのがこの「ホテル日航茨木大阪」（地図K）。

ここは歴《れっき》としたシティホテル。であるのに、カジュアルな雰囲気がいい。例によってアクセスを検証すると、この茨木にも阪急京都線の駅があるのだが、そこからはかなり遠い。よって最寄りはＪＲ茨木駅。京都駅から快速電車利用で二十五分ほど。高槻に比べると若干不利なアクセスになり、加えて駅からは歩くと結構な距離がある。荷物を持ってとなるとつらいが、かといってタクシーを頼むには気が引ける、そんな微妙な距離。

ホテル日航茨木大阪シングルルーム

八階建ての六階に案内された。シングルルームは二一平米。広々とした部屋は、さすがにシティホテル。ベッド幅も一四〇センチあり、デュベスタイルが雰囲気を出している。だが液晶ではなくブラウン管テレビ。これがあると時代がうんと遡ってしまう。

液晶テレビは、宿のイメージを変えるのに大いに役立った。奥行きが深く、巨大な箱状のブラウン管テレビは、宿の情趣を削いだ。どんな高級旅館であったとしても、客室写真を撮影するときは必ずテレビを外した。だが液晶テレビができてからは、テレビまでもが景色になってしまう。床の間のすぐ横にあっても違和感がないのだ。

ＤＶＤをセットし静止画像にすれば、テレビも調度のひとつと化してしまう。掛け軸とまでは言わないが、額縁くらいの役割を果たしているのが今の液晶テレビである。

さてこのホテルで一番気に入ったのは朝食ブッフェだ。

一階のレストラン「セリーナ」で供される。一見ありきたりに見えるが、実は朝食では滅多にお目にかからないメニューがあり、しかもそれが目玉商品なのだ。

朝から〇〇〇。まさか、と思いながらも、初めて出会って、これは結構いいかもしれないと思ったのは札幌のホテルでだった。和洋中、豊富なメニューが愉しく、あれもこれも、と欲張ってお皿に盛り、ふと漂ってきた香りに誘われて前に立つと、そこにスープカレーが湯気を立てていたのだ。

急遽《きゅうきょ》予定変更。中華粥を元に戻し、スープカレーをご飯に掛けて、スクランブルエッグと一緒に食べたのだった。さすがカレーの都札幌と感心したものの、まさか大阪府の茨木で「朝からカレー」に再会できるとは思いも掛けなかっただけに、鼻息も荒くレードルを手に、ソーセージカレーにした。

先入観を捨てて朝カレーを体験すると、きっと誰もがヤミツキになる。そう確信する。朝からカレーなんかを食べていると、きっと「ヘンな人」と見られるだろうと危惧するのは誰しも同じ。だがその常識を捨て去れば至福の朝食が待っている。「朝カレー」を体験するためだけにこのホテルに泊まってもいいくらいだ。「朝カレー」の後に京都の社寺仏閣が待ち受けているなんて実に素敵ではないか。

＊

この他に大阪でのおすすめには、「ホテルブライトンシティ大阪北浜」（地図K）がある。ここもまた、ベッドルームとガラス窓を介して素通しになったバスルームがあり、シャワーブースを備えるなど、独自のスタイルを築き、人気を呼んでいる。

ホテル阪神

ＪＲ大阪駅から環状線に乗り換えてひと駅。福島の駅前に聳え立つホテルが「ホテル阪神」（地図K）。ことあるごとにこのホテルをおすすめしてきたのには、一にも二にも温泉の存在がある。日本広しといえども、客室のバスルームで源泉掛け流しの天然温泉を愉しめるのは、この「ホテル阪神」をおいて他にはないだろう。

そのことひとつだけ取っても、もっと評価されてしかるべきホテルなのに、なぜか注目度は低い。佇まい、居心地、設備、サーヴィス、あらゆる面で抜きん出ているホテル、誰もが認めるようになるまで、ここをすすめ続ける覚悟でいる。

というのはちと大袈裟だが、ここ二、三年の傾向として、新しい店、宿ばかりを取り上げて、既存の施設に見向きもしない流れがある。自戒の念も込めて言うのだが、それは間違いだ。この章の最初にページを割いた「京都全日空ホテル」も然りだが、年月を経ても色褪《あ》せない、どころか、燻《いぶ》し銀のように輝きを増すところもあれば、新しさ以外に何の特徴もないところだってある。だが、マスメディアの常として、新しきばかりを追い求める愚はそろそろ卒業すべき時期に来ている。

客室以外にも大浴場（有料サウナ）があり、そこなら温泉旅館に勝るとも劣らない湯浴みを愉しめる。だが僕のおすすめはあくまで部屋の温泉。繰り返しになるが、すべての客室で源泉掛け流しの天然温泉をゆっくりと、別料金を取ることもなく、いつでも愉しめるのだ。

これは大阪の誇りといってもいいのではないか。彼の知事にもぜひお泊まりいただき、ご推薦いただきたいものだ。

シングルルームは二〇平米。ＬＡＮ接続をはじめ、設備には何の問題もない。梅田から福島にかけては大阪でも有数の美食地帯。旨いものは目白押し、その驚くような値段も魅力のひとつ。温泉＋京都なら、何をおいても「ホテル阪神」だ。

琵琶湖ホテル

もう一軒。関西で温泉と言えばここ「琵琶湖ホテル」（地図Ｋ）だ。古くは琵琶湖の西岸で、関西の迎賓館として長く君臨し、一度その役目を終えた後で、うんとカジュアルな形に姿を変え戻ってきた「琵琶湖ホテル」。その佇まいには賛否両論喧《かまびす》しいが、それでも琵琶湖を見下ろす天然温泉の魅力には誰もが一目置く。

シティホテルというよりリゾートホテルの趣が濃いホテルは、全室レークビュー。四〇平米という広い部屋から琵琶湖を望み、ゆったりくつろぐ。気が向けばいつでも温泉が待っている。京都に泊まったのでは決して味わえない空気感。夏期にはガーデンプールも、バーベキューガーデンもオープンしてリゾート気分を高めてくれる。

京都は海から遠い。だから琵琶湖をビーチリゾートだと思っている。

さて、アクセスは。琵琶湖ホテルの最寄駅は京阪電車「浜大津」駅。ここから歩いて五分とかからない。京阪電車とは言うものの、実際には京都市営地下鉄東西線が乗り入れている。烏丸御池駅から浜大津まで、三十分とかからない。京都＋温泉＋琵琶湖＝琵琶湖ホテルだ。

宿泊予約サイトからだと1万5000円台（〇九年六月末現在）で泊まれる。

ホテルコムズ大津

滋賀県でのホテルとしては、もう一軒のおすすめ、「ホテルコムズ大津」（地図K）がある。ここはJR大津駅の改札口と直結しているのが最大のメリット。

JR東海道線で、京都から大津まではわずかに十分。このホテルはその大津駅の南口に直結している。京都駅を起点とするなら、市内の辺鄙《へんぴ》な場所に泊まるより、こちらのほうがはるかにアクセスがいい。

ホテルのサイトから7200円でシングルプランを予約したが、チェックインの時に、一九平米の「スーペリアダブル」にアップグレードしてくれた。ベッド幅は一四〇センチ。

琵琶湖花火大会など、特別なイヴェントがある日以外は空室があることが多いので、京都旅にはぜひ覚えておきたいホテル。真の京都通はこういうところに泊まるものなのである。

5．ひとり泊まりの日本旅館

ある意味で、ひとり旅の夢ではないだろうか。京都を旅して、ひとりで日本旅館に泊まる。叶うなら京都の宿は日本旅館に越したことはない。だが、そのハードルは高い。

畳の目も見えないほど、ぎっしりと布団を並べる修学旅行向けの旅館なら容易に泊まれるだろうが、それならビジネスホテルのほうがはるかに過ごしやすい。だが、誰もが憧れるような数寄屋《すきや》造りの日本旅館は、おおむね二人以上の客を想定していて、仮にひとり客を受け入れてくれたとしても、かなり割高になることは否めない。加えて、超がつくような有名旅館だからといって、必ずしも満足できるかどうか、いささか心もとないのである。

ぜひに泊まりたいと知り合いに乞われ、伝手を頼って紹介した老舗旅館S。

その方が泊まったはずの日から何日も経つのに、何の報告もなかった。礼を強要するようなことになってはいけないと思い、そのままにしていて、いつしか忘れ去っていて、久方ぶりに会ったときに思い掛けない話を聞くはめになった。

「無理を言って紹介してもらったのだから黙ってたのだけれど、あまりにひどい対応だった。料理は大したものじゃなかったし、部屋も掃除不行き届き。何より仲居の接客が最悪だった」という。あの老舗が、と驚いたが、それはほんの一例。一軒や二軒ではなく、押し並《な》べて紹介した日本旅館で満足したと報告してくれた知己はほとんどいなかった。

　ここなら「おひとり」泊まりも快く引き受けてくれ、なおかつその上質な空気は日本でも有数。そう断言できる日本旅館を二軒ばかりご紹介。

要庵の改装された客室

要庵《かなめあん》西富家《にしとみや》

　京都ほど、日本旅館が似合う土地は他にないだろう。古色蒼然とした街並みに町家造りの日本旅館はしっくりと溶け込んでいる。となれば、どんなに多くの名旅館がひしめき合っているかと思えば、意外にもその数は決して多くない。指折り数えて片手にも満たない。

その一軒が「要庵西富家」（地図F）。錦市場に程近い、富小路《とみのこうじ》六角《ろっかく》下がる、という願ってもない地に、わずか九室だけの客室で、心のこもったもてなしが評判を呼んでいる。

うっかりすると通り過ぎてしまいそうに控えめな玄関には、大きな格子が特徴的な引き戸があり、素通しになった隙間からは瀟洒なアプローチが垣間見える。典型的な鰻の寝床。打ち水に濡れて、黒く光る石畳が細く長く続き、宿の奥へといざなう。

「おこしやすぅ、ようこそぉ」

要庵　夏の八寸

女将のやわらかい京言葉に迎えられ上がり込むと、まず目に飛び込んでくるのがワインセラーだ。
近年、多くの日本旅館でワインを供するようになってきたが、ここまで本格的なワインセラーを、しかも玄関先に備える宿はそうそうない。革新的な宿を作ろうという主人の並々ならぬ意欲が見て取れる。待合いで一服よばれたあと、客室へと向かう。代替わりの際に大改築した客室だが、その後も改装を重ね、洗練された数寄屋建築に、ますます磨きがかかってきている。

源氏物語にちなんだ名が付いた「梅枝」の間には、庭樹《ていじゅ》の隙間から陽光が差し込み、檜風呂の湯をきらきらと輝かせている。早めにチェックインしてまずは昼風呂を愉しむのが「要庵」流だ。きりりと冷えた缶ビールが風呂の隅に置かれている。酒好きの主人ならではの心憎いサーヴィスだ。よく手入れの行き届いた庭を眺めながらの湯浴みは、心をゆるゆると緩めてくれる。

日暮れて、お待ちかねの夕食は部屋に運ばれてくる。「黒龍」の垂れ口を食前酒にして初夏の宴が始まった。

歩いてすぐのところに、京都の台所と呼ばれる錦市場があるのだから、旬の食材には事欠かない。京野菜をはじめ、洛北の清流を泳ぐ若鮎、丹後の海から鯖街道を通って運ばれてくる海の幸。それらを洗練の技で調理し、器遣いも京都らしい雅な空気を漂わせる。

宿泊客のみならず、料理だけを食べにくる地元京都の旦那衆が多いというのも納得がいく。コストパフォーマンスが高い夕食は、食事だけでも快く引き受けてくれる。主人自らセレクトしたワインは、シャンパーニュから白、赤と、どれもが和食にぴったりと合う。ワインにするか、選りすぐりの日本酒を選ぶか、大いに迷うところだ。

宴が終わる頃、宿は静寂に包まれる。仄かな灯りが眠りを誘う。ネオ京都旅館の夜は静かに更けていく。

俵屋

誰言うともなく「日本一の旅館」、それが京都の「俵屋」（地図F）だ。施設なのか、料理なのか、それともサーヴィスなのか。いったい何が日本一なのか。そんな具体性に言及することさえも無意味に思えるほど、この宿は素晴らしい。

正直に白状すれば、心底僕がそう思うようになったのは、「俵屋」を実体験してからのことで、たかだか十年にも満たない。

長く懐疑的だった。それは、あまりにも多くが絶賛することに対する反発だった。その当時、すでに多くの日本旅館を泊まり歩いていた経験からいって、そんな完璧な宿があるわけがないと思ってもいた。十人の客が泊まったとして、八人が絶賛すれば、後の二人はきっと不満を持つ。それが、日本旅館には当然のことだと決めつけていた。

きっかけは食事だった。京都に住んでいるから、京都の宿に泊まることはまずない。せめて食事だけでもして、この宿を批評しようとしたのだ。結果、不思議な気持ちになった。取り立てですごい料理があったわけでもないが、何も気に掛かることなく、淡々と食事を終えることができたのだ。狐につままれたような不思議を解明するために、さほど日を置かず泊まってみた。その結果出てきたのが、冒頭の言葉である。間違いなく「日本一」の日本旅館だろう。いや、ホテルも含め、日本にあるすべての宿泊施設の中でナンバーワンだろうとさえ思う。

なぜそこまで絶賛できるのかといえば、「俵屋」はプロの集団が作り上げた宿だからである。造作はもちろん、掃除、手入れ、接客、料理と、すべてにおいて、プロ、すなわち名職人が携わっている。その職人たちが自分の持ち場を完璧にこなすのは、優れたオーケストラの楽団員にも似ている。となれば、当然のこととしてそれを統括する指揮者が必要だが、これ以上望むべくはない、と言える名コンダクターが「俵屋」には常任している。それが創業から数えて十一代目にあたる佐藤年さんだ。旅館の女将然とした雰囲気を持たず、どちらかといえば、シャトーホテルのマダムといった風情で「俵屋」を指揮する。

三百年余り歴史の中で培われ、積み重ねられたさまざまが、十一代目の美意識によって、美しく調えられる。調度、花、軸などは、寸分の狂いもなく配され、それらを受け留める建築もまた、控え目な「美」を体現している。部屋の広さ、間取り、窓の大きさ、光の入り加滅、障子の桟《さん》の配分、すべてにおいて「これしかない」のだ。

間然《かんぜん》するところがない設えは、人の心を安らげ、内側へと向け、深い思索へと誘う。畢《ひっ》竟《きょう》、宿は人が作るものだ、という至極当たり前のことに気づかされる。

「俵屋」に泊まるということ。それはただ一夜の寝床を得る、ということ以上に、客の心にスピリチュアルな「美」を与えてくれる。「俵屋」が日本一という理由はここにある。

※掲載したホテルの宿泊料金、サービス内容等は変更になる場合があります。

あとがき

二〇〇八年。京都市を訪れた観光客数は、官民一体となった観光業界の念願であり、目標でもあった五千万人をクリアした。常に右肩上がり、空恐ろしい数字である。

二〇〇〇年の入洛客は四千万人強だったので、わずか八年の間に一千万人も増えたことになる。当時京都市は、二〇一〇年を目標年次として、五千万人構想を打ち出したから、二年も早く目標を達成したわけである。

そんな京都。慢性的な宿不足に加えて、名店のみならず、迷店までもが満員盛況。予約の取れない料理店も年々増える一方。もしもそのまま順調に推移していたなら、「おひとり京都」をテーマに書こうとは、ついぞ思わなかった。

効率を重視し、グループ客を優先する宿。広告など打たなくても、あっという間に予約が埋まる店。いずれ「おひとり」は招かれざる客だろうことは容易に推測できたからだ。ようやく市民権を得てきたかに見える「おひとり」だが、京都に限らず、まだまだ肩身は狭い。

その風向きが一変したのが「疫病」だったのは、いかにも京都らしい。

幾度となく戦いの場となり、多くの兵《つわもの》どもがその骸《むくろ》を晒《さら》し、夥《おびただ》しい数の都人がその巻き添えを食ってきたからこそ、「祇園祭」をはじめとする数々の祭礼が「疫病退散」を目的として営々と行われてきた。

「新型インフルエンザ」と名づけられてはいるが、元をただせば、それは京都が長く苦しめられてきた「疫病」そのもの。形を変えて、京都はまた疫病に悩まされることになったのだ。

今では全国に蔓延しており、新たな患者が発生しても、わずか数行のベタ記事にしかならないが、発生当初の報道はすさまじいものがあり、比較的早期に、神戸をはじめ関西方面に罹患《りかん》者が相次いだことから、関西への旅行を取りやめる流れができてしまった。

増えることはあっても、まさか観光客が減るなどという事態はまったく予想もしなかっただろう京都の観光業界は慌てふためいた。ほとんどすべての修学旅行はキャンセル、もしくは延期となり、ホテル旅館業界は大打撃を受けた。のみならず、個人客までもが、京都旅を自粛し始め、都大路に閑古鳥が鳴く事態に至った。

ヒステリックに騒ぎ立てるのは日本人の常としても、いかにも大袈裟に過ぎると、夏前にしてようやく観光客の姿が戻り始め、祇園祭も予定通り行われたことは何よりである。疫病退散の祭が疫病蔓延を恐れて中止の憂き目にあえば、洒落にもならない。

むろん、今回の事態は歓迎すべきことではなかったが、足元を見直し、いかにして観光客を誘致すべきかを真剣に考えるようになったのは、京都の観光業界にとって良薬となったのではないだろうか。「花灯路」「源氏物語千年紀」、何より「和風回帰」による「京都ブーム」。悪い言葉で言えば、うまく便乗して商いを成功させてきたのが、ここ十年ほどの京都である。小手先だけのプランではなく、京都が本来持っている文化芸術、都人の知恵をもう一度見直し、そこにスポットを当てることにより、観光客を誘致する。そのきっかけになればまさに、災い転じて福となす、だ。

そこで「おひとり」である。これまでひとり客を敬して遠ざけてきた宿や飲食店も、ここに来て積極的に歓迎するようになったのは、災いがもたらした僥倖《ぎょうこう》である。

人の噂も七十五日とばかりに、また、元の木阿弥にならぬよう願う。「おひとり」京都には限りない愉しみと喜びがあるのだから。

二〇〇九年は「おひとり京都」元年になると確信しての上梓である。

貴船神社
鞍馬寺
くらま
きぶねぐち
にのせ
いちはら
にけんじゃや
きょうとせいかだいまえ
きの
いわくら
はちまんまえ
三千院
大原
延暦寺
比叡山
ケーブル
やせ
やせ
ひえい
みやけはちまん
たからがいけ
こくさいかいかん
上賀茂神社
宝ヶ池
妙円寺
新宮神社
修学院離宮
きたやま
まつがさき
賀茂川
半木神社
高野川
叡山本線
しゅうがくいん
曼殊院
左京区
きたおおじ
いちじょうじ
詩仙堂
下鴨神社
天寧寺
くらまぐち
ちゃやま
上御霊神社
相国寺
もとたなか
烏丸通
でまちやなぎ
いまでがわ
西陣
京阪鴨東線
銀閣寺（慈照寺）
梨木神社
鴨川
京都御所
下御霊神社
地下鉄烏丸線
東山区
哲学の道
大文字山
如意ヶ岳
まるたまち
じんぐうまるたまち
平安神宮
京都市役所
永観堂（禅林寺）
南禅寺
からすまおいけ
きょうとしやくしょまえ
ひがしやま
けあげ
湖西線
さんじょうけいはん
辰巳稲荷
日向大神宮
錦天満宮
からすま
かわらまち
知恩院
中京区
ぎおんしじょう
八坂神社
しじょう
圓徳院
河原町通
高台寺
山科区
烏丸通
建仁寺
八坂の塔
地下鉄東西線
みささぎ
六道珍皇寺
ごじょう
きよみずごじょう
六波羅蜜寺
地主神社
やましな
市比賣神社
清水寺
方広寺
東本願寺
妙法院
しちじょう
やましな
三十三間堂
智積院
下京区
東海道本線
きょうと
とうふくじ
ひがしの
とうふくじ
万寿寺
東寺
くじょう
東海道新幹線
東福寺
じゅうじょう
とばかいどう
なぎつじ
ふしみいなり
伏見稲荷
いなり
かみとばぐち
伏見区
ふかくさ
名神高速道路
くいなばし
おの
奈良街道
ふじのもり
地下鉄東西線
たけだ
近鉄京都線
京阪本線
奈良線
だいご
醍醐寺
阪神高速京都線
JRふじのもり
外環状線
いしだ

京都市内広域図

三尾
神護寺
常照寺
北区
大徳寺
金閣寺(鹿苑寺)
上京区
龍安寺
大報恩寺
(千本釈迦堂)
等持院
仁和寺
北野天満宮
大覚寺
うたの
みょうしんじ
きたの
はくばいちょう
嵯峨嵐山
妙心寺
千本通
さがあらしやま
はなぞの
えんまち
うずまさ
あらしやま
二条城
山陰本線
天龍寺
広隆寺
かたびら
のつじ
うずまさてんじんがわ
にしおおじおいけ
にじょう
嵐山
あらしやま
右京区
にしおおじさんじょう
京福電鉄嵐山本線
さい
おおみや
さいいん
しじょう
おおみや
まつお
松尾大社
西大路通
たんばぐち
桂川
阪急嵐山線
西本願寺
西芳寺(苔寺)
にしきょうごく
かみかつら
天神川
西京区
桂離宮
JR京都線(東海道本線)
東寺
かつら
にしおおじ
阪急京都本線
南区
かつらがわ
らくさいぐち
桂川
向日市
むこう
まち
ひがしむこう
東海道新幹線
N
1

A
おすすめどころ
4 淡海
5 大黒屋鎌餅本舗
6 加茂みたらし茶屋
32 草餐なかひがし
33 ノアノア
34 お食事処白川大銀
35 大銀食堂
40 割烹はらだ
41 一神堂
42 まんざら本店
いちじょうじ
叡山電鉄叡山本線
修学院中
交番
金福寺
北大路通
一乗寺
高野
白川通北大路
181
北白川疎水通
白川通
東大路通
ちゃやま
東大路通鞍馬口
東鞍馬口通
182
京都造形芸術大
田中
北白川
もとたなか
日本バプテスト病院
御蔭通
北白川別当
34
30
京都大学
北白川小
白川
農学部
左京区
知恩寺
理学部
白川通今出川
工学部
今出川通
35
32
33
京都大学
吉田山公園
銀閣寺
白川通
哲学の道
吉田神社
法然院
浄土寺
吉田
真如堂
鹿ヶ谷
聖護院御殿荘
大豊神社
平安の森
平安神宮
岡崎

B
北大路橋
367
北大路通
下鴨本通北大路
高野橋
交番
下鴨本通
ホリデイ・イン京都
H
加茂街道
6
下鴨神社
出雲路橋
高野川
天寧寺
鞍馬口町
下鴨小
上御霊神社
上御霊前通
糺の森
4
賀茂川
出雲路
河合神社
御蔭橋
京都産業大附属高・中
光明寺
叡山電鉄叡山本線
阿弥陀寺
5
相国寺
葵橋東詰
養正小
葵橋
葵公園
葵橋西詰
河合橋
でまちやなぎ
同志社大
出町橋
同志社女子大
枡形商店街
でまちやなぎ
今出川通
賀茂大橋
百万遍
今出川通
河原町今出川
体育館
鴨川公園
第四錦林小
寺町通
32
左京区役所
京都御所
梨木神社
河原町通
精華女子高・中
東山東一条
府立医大
181
医学部
東大路通
護衛署
大宮御所
荒神橋
薬学部
東山近衛
交番
京阪鴨東線
鴨沂高
京大付属病院
京都御苑
じんぐうまるたまち
聖護院
河原町丸太町
丸太町橋
丸太町通
東山丸太町
竹屋町通
H
鴨川
41
40
42
夷川通
高倉通
堺町通
柳馬場通
富小路通
麩屋町通
御幸町通
寺町通
新椹木町通

C
おすすめどころ
1 神馬堂
2 御すぐき處なり田
3 水田玉雲堂
4 淡海
5 大黒屋鎌餅本舗
29 上七軒ふた葉
30 とようけ茶屋
31 茶ろん上七軒
55 北山コロン
57 串あげあだち
上賀茂
明神川
上賀茂神社
大田神社
交番
大田神社前
上賀茂小
御薗橋
御薗橋西詰
加茂川中
上賀茂橋
紫竹小
紫竹
きたやま
北山大橋西詰
北山大橋
元町小
北山通
堀川北山
半木神社
賀茂
府立植物園
北署
小山
新町通
衣棚通
室町通
下鴨
京都府立大
今宮通
賀茂川
鳳徳小
小柳南通
きたおおじ
北大路橋
紫野通
烏丸北大路
紫野南通
紫明小
大谷大・短大
堀川通
烏丸紫明
加茂街道
堀川北大路
京都教育大
京都中・小
紫明通
堀川紫明
天寧寺
鞍馬口町
くらまぐち
大泉寺
上御霊神社
上御霊前通
出雲路
宝鏡寺
光明寺
烏丸中
京都産業大附属高・中
阿弥陀寺
堀川寺之内
室町小
相国寺

D
今宮神社
芳春庵
龍翔寺
府立盲学校
佛教大
紙屋川
紫野高
高桐院
大徳寺
龍光院
北大路通
181
千本北大路
金閣寺
府立盲学校
高等部
紫野
紫野小
船岡山公園
金閣寺前
31
木辻通
柏野小
鞍馬口通
わら天神前
千本鞍馬口
交番
廬山寺通
ファーストフード
寺之内通
千本寺之内
平野
浄福寺通
石像寺
智恵光院通
平野神社
千本通
上立売通
翔鸞小
上立売通
大報恩寺
（千本釈迦堂）
五辻通
西大路通
北野天満宮
嘉楽中
西陣中央小
衣笠小
31
29
今出川通
北野
中筋通
千本今出川
元誓願寺通
上七軒
笹屋町通
京福北野線
今小路通
30
上京署
智恵光院
きたのはくばいちょう
101
一条通
千本通
上京区
西大路一条
交番
仁和小
中立売通
正親小
上長者町通
仁和寺通
下ノ森通
七本松通
六軒町通
西大路通
天神通
御前通
下長者町通
裏門通
妙心寺道
下立売通
二条城北小
円町
丸太町通
111
えんまち
朱雀二小
千本丸太町
聚楽廻

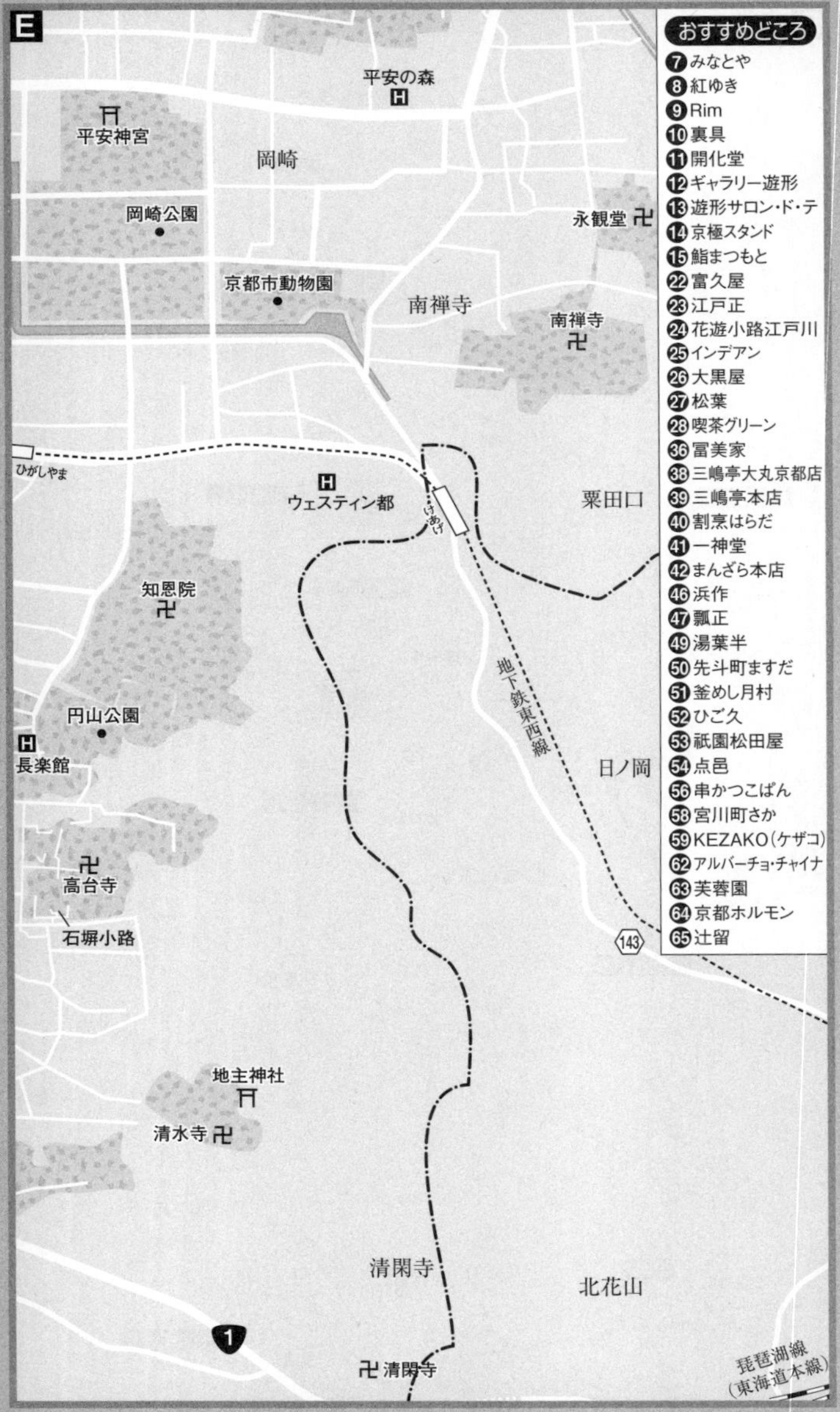
E
おすすめどころ
7 みなとや
8 紅ゆき
9 Rim
10 裏具
11 開化堂
12 ギャラリー遊形
13 遊形サロン・ド・テ
14 京極スタンド
15 鮨まつもと
22 富久屋
23 江戸正
24 花遊小路江戸川
25 インデアン
26 大黒屋
27 松葉
28 喫茶グリーン
36 冨美家
38 三嶋亭大丸京都店
39 三嶋亭本店
40 割烹はらだ
41 一神堂
42 まんざら本店
46 浜作
47 瓢正
49 湯葉半
50 先斗町ますだ
51 釜めし月村
52 ひご久
53 祇園松田屋
54 点邑
56 串かつこぱん
58 宮川町さか
59 KEZAKO（ケザコ）
62 アルバーチョ・チャイナ
63 芙蓉園
64 京都ホルモン
65 辻留
平安の森
平安神宮
岡崎
岡崎公園
京都市動物園
南禅寺
南禅寺
永観堂
ひがしやま
ウェスティン都
けあげ
粟田口
知恩院
地下鉄東西線
円山公園
長楽館
日ノ岡
高台寺
石塀小路
143
地主神社
清水寺
清閑寺
北花山
1
清閑寺
琵琶湖線
（東海道本線）

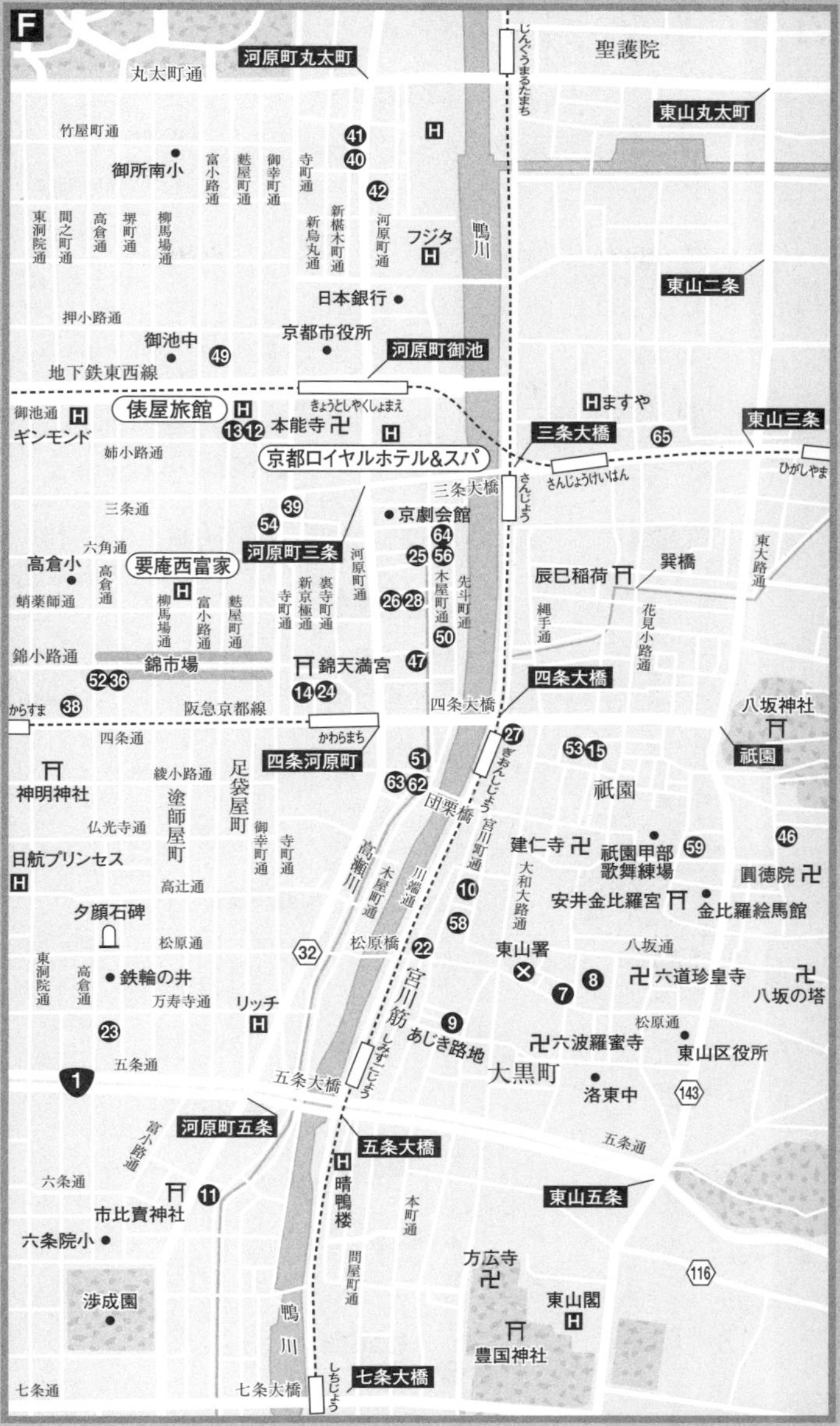

F
河原町丸太町
丸太町通
じんぐうまるたまち
聖護院
東山丸太町
竹屋町通
御所南小
富小路通
麩屋町通
御幸町通
寺町通
41
40
42
東洞院通
間之町通
高倉通
堺町通
柳馬場通
新烏丸通
新椹木町通
河原町通
フジタ
鴨川
東山二条
日本銀行
押小路通
京都市役所
河原町御池
御池中
49
地下鉄東西線
きょうとしやくしょまえ
ますや
御池通
俵屋旅館
ギンモンド
13
12
本能寺
三条大橋
東山三条
65
姉小路通
京都ロイヤルホテル&スパ
さんじょうけいはん
ひがしやま
三条大橋
さんじょう
三条通
39
54
京劇会館
六角通
河原町三条
64
25
56
東大路通
高倉小
要庵西富家
高倉通
河原町通
巽橋
辰巳稲荷
蛸薬師通
柳馬場通
富小路通
麩屋町通
寺町通
新京極通
裏寺町通
26
28
木屋町通
先斗町通
縄手通
花見小路通
50
錦小路通
錦市場
錦天満宮
47
四条大橋
52
36
14
24
からすま
38
阪急京都線
四条大橋
八坂神社
四条通
かわらまち
27
ぎおんしじょう
53
15
祇園
四条河原町
51
神明神社
綾小路通
足袋屋町
63
62
団栗橋
祇園
塗師屋町
仏光寺通
御幸町通
寺町通
高瀬川
宮川町通
建仁寺
祇園甲部歌舞練場
59
46
日航プリンセス
木屋町通
川端通
大和大路通
圓徳院
高辻通
10
安井金比羅宮
金比羅絵馬館
夕顔石碑
58
松原通
32
松原橋
22
東山署
八坂通
東洞院通
高倉通
鉄輪の井
宮川筋
8
六道珍皇寺
八坂の塔
万寿寺通
7
リッチ
9
松原通
しみずごじょう
あじき路地
六波羅蜜寺
東山区役所
23
五条通
1
五条大橋
大黒町
洛東中
143
河原町五条
五条大橋
五条通
富小路通
六条通
晴鴨楼
東山五条
11
本町通
市比賣神社
六条院小
方広寺
116
問屋町通
渉成園
鴨川
東山閣
豊国神社
しちじょう
七条大橋
七条通
七条大橋

G
おすすめどころ
16 本家尾張屋
17 新福菜館本店
18 めん房やまもと
19 萬福
20 亜樹
21 前田珈琲明倫店
23 江戸正
36 冨美家
37 煌庵
38 三嶋亭大丸京都店
43 まんざら亭NISHIKI
44 がぶ飲みワイン 洋彩WARAKU
45 炭焼丸釜
48 森嘉
52 ひご久
60 アメディオ
61 中国饗膳粋廉
椹木町通
第二赤十字病院
烏丸丸太町
丸太町通
堀川丸太町
竹屋町通
まるたまち
367
夷川通
東堀川通
油小路通
小川通
西洞院通
釜座通
新町通
衣棚通
室町通
両替町通
烏丸通
車屋町通
国際
二条通
京都全日空ホテル
押小路通
にじょうじょうまえ
烏丸御池
地下鉄東西線
堀川御池
ガーデン
からすまおいけ
御池通
ギンモンド
姉小路通
堀川通
西洞院通
東洞院通
烏丸三条
三井ガーデン
三条通
ホテルモントレ京都
六角通
地下鉄烏丸線
高倉小
高倉通
堺町通
柳馬場通
蛸薬師通
堀川高
ヴィアイン京都四条室町
京都芸術センター
錦小路通
錦市場
ホテルマイステイズ京都四条
四条烏丸
四条通
四条堀川
コート
からすま
しじょう
四条通
阪急京都線
神明神社
綾小路通
からすま
烏丸通
仏光寺通
塗師屋町
猪熊通
岩上通
醒ヶ井通
油小路通
東中筋通
五条署
日航プリンセス
高辻通
烏丸高辻
38
夕顔石碑
松原通
西洞院通
若宮通
新町通
小田原町通
室町通
諏訪町通
不明門通
東洞院通
高倉通
鉄輪の井
万寿寺通
堀川署
瑞雲院
堀川五条
烏丸五条
五条通
1
ごじょう

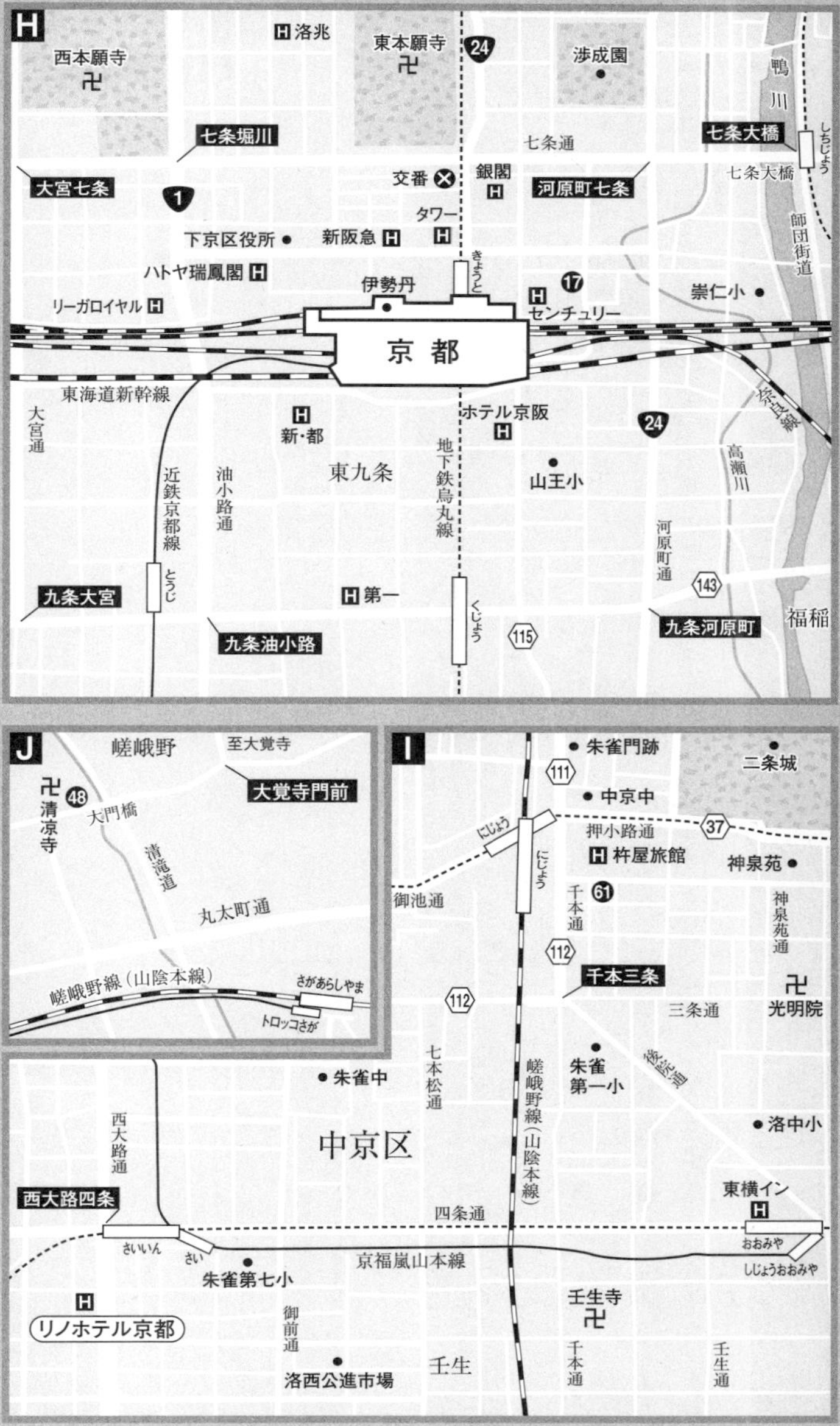
H
西本願寺
洛兆
東本願寺
24
渉成園
鴨川
七条堀川
七条大橋
しちじょう
七条通
大宮七条
交番
銀閣
河原町七条
七条大橋
1
タワー
師団街道
下京区役所
新阪急
ハトヤ瑞鳳閣
きょうと
17
伊勢丹
崇仁小
リーガロイヤル
センチュリー
京都
東海道新幹線
奈良線
大宮通
ホテル京阪
24
新・都
地下鉄烏丸線
高瀬川
東九条
山王小
近鉄京都線
油小路通
河原町通
とうじ
143
九条大宮
第一
くじょう
福稲
九条油小路
115
九条河原町
J
嵯峨野
至大覚寺
大覚寺門前
清凉寺
48
大門橋
清滝道
丸太町通
嵯峨野線（山陰本線）
さがあらしやま
トロッコさが
I
朱雀門跡
二条城
111
中京中
にじょう
37
押小路通
にじょう
杵屋旅館
神泉苑
御池通
61
千本通
神泉苑通
112
千本三条
112
三条通
光明院
七本松通
朱雀第一小
後院通
朱雀中
嵯峨野線（山陰本線）
西大路通
中京区
洛中小
東横イン
西大路四条
四条通
さいいん
さい
おおみや
京福嵐山本線
しじょうおおみや
朱雀第七小
壬生寺
リノホテル京都
御前通
千本通
壬生通
壬生
洛西公進市場

K

京都広域ホテル案内図

クロス・ウェーブ梅田

ワークホテル高槻

ホテル日航茨木大阪

ホテルブライトンシティ
大阪北浜

ホテル阪神

琵琶湖ホテル

ホテルコムズ大津

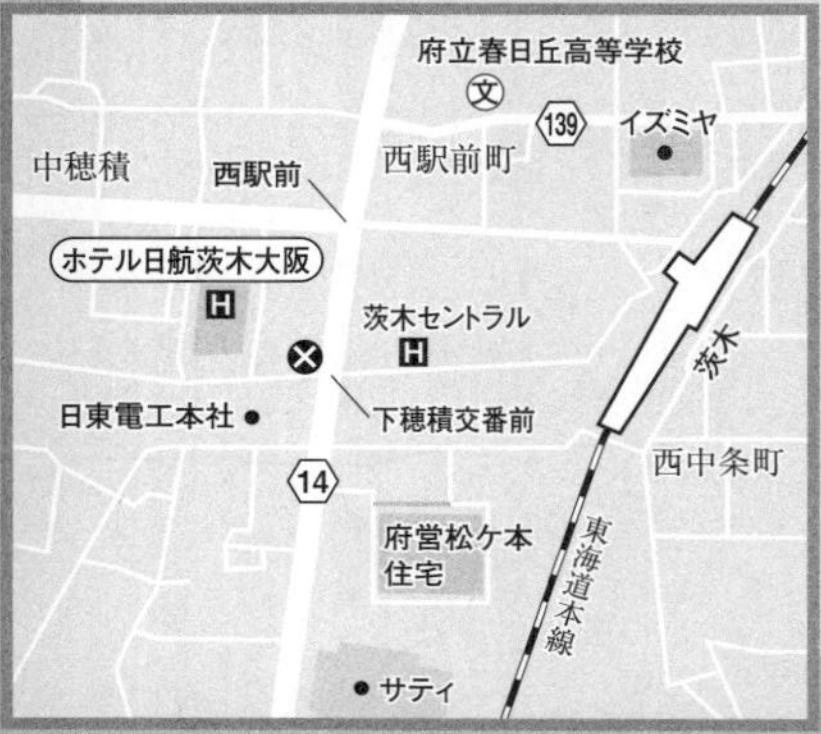

東海道本線
大阪環状線
阪神高速11号池田線
ハイム上福島
福島
なにわ筋
ホテル阪神
住友不動産
西梅田ビル
コンビニ
コンビニ
阪神電鉄本線
福島
2
JR東西線
新福島

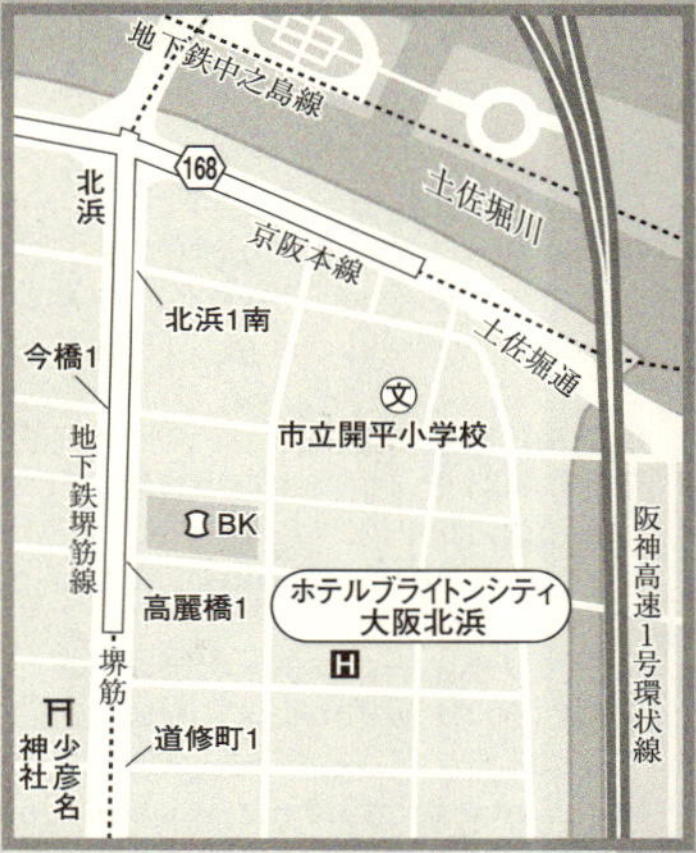
地下鉄中之島線
168
北浜
土佐堀川
京阪本線
北浜1南
土佐堀通
今橋1
文
市立開平小学校
地下鉄堺筋線
BK
阪神高速1号環状線
ホテルブライトンシティ
大阪北浜
高麗橋1
H
堺筋
道修町1
少彦名神社

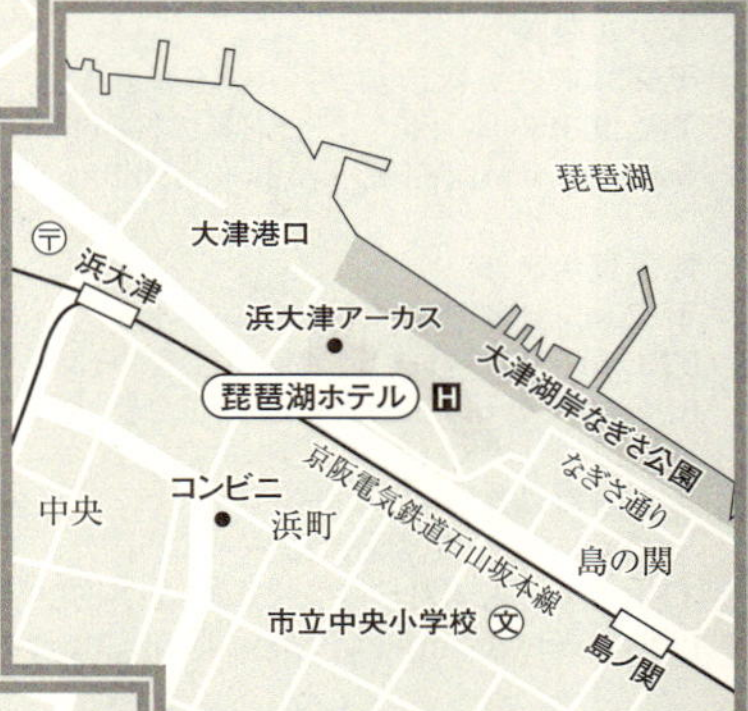
琵琶湖
大津港口
浜大津
浜大津アーカス
大津湖岸なぎさ公園
琵琶湖ホテル
H
京阪電気鉄道石山坂本線
なぎさ通り
中央
コンビニ
浜町
島の関
市立中央小学校
島ノ関
福賢寺
京町

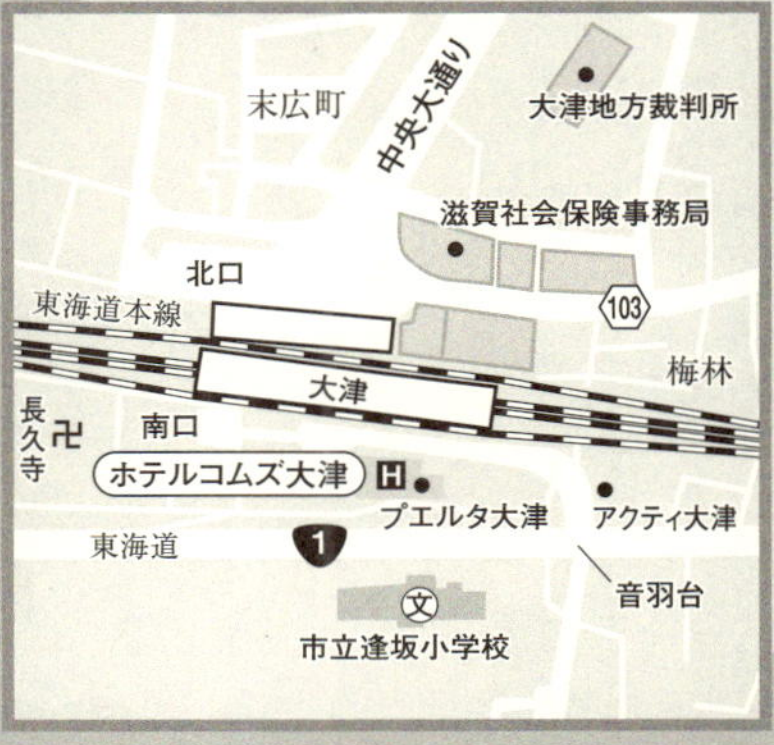
末広町
中央大通り
大津地方裁判所
滋賀社会保険事務局
北口
東海道本線
103
梅林
大津
長久寺
南口
ホテルコムズ大津
H
プエルタ大津
アクティ大津
東海道
1
音羽台
文
市立逢坂小学校

ワークホテル高槻
〒569-0804 大阪府高槻市紺屋町8-7
TEL:(072)686-3288　FAX:(072)686-3289
http://www.workhotel.jp/　【地図K】p.239〜240

ホテル日航茨木 大阪
〒567-0034 大阪府茨木市中穂積1丁目1-10
TEL(072)620-2121　FAX:(072)620-2122
http://www.nikkoibaraki-osaka.co.jp/　【地図K】p.240〜243

ホテルブライトンシティ大阪北浜
〒541-0044 大阪市中央区伏見町1-1
TEL:(06)6223-7771　FAX:(06)6223-7666
http://www.brightonhotels.co.jp/kitahama/
【地図K】p.243

ホテル阪神
〒553-0003 大阪市福島区福島5-6-16
TEL:(06)6344-1661　FAX:(06)6344-9860
www.hankyu-hotel.com/hotels/46hanshin/　【地図K】p.243〜245

琵琶湖ホテル
〒520-0041 滋賀県大津市浜町2-40
TEL:(077)524-7111　FAX:(077)524-1384
http://www.biwakohotel.co.jp/　【地図K】p.245

ホテルコムズ大津
〒520-0054 滋賀県大津市逢坂1-1-1
TEL:(077)527-6711　FAX:(077)527-6728
http://www.granvista.co.jp/list/hc_otsu.html　【地図K】p.246

要庵西富家
〒604-8064 京都市中京区富小路通六角下ル
TEL:(075)211-2411　FAX:(075)211-2415
http://www.kanamean.co.jp/　【地図F】p.248〜250

俵屋
〒604-8094 京都市中京区麩屋町通姉小路上ル
TEL:(075)211-5566　FAX:(075)211-2204
【地図F】p.93、182、251〜253

本書で主に紹介した店舗・寺院・ホテルリスト

■第五章に登場する主なホテル

京都全日空ホテル
〒604-0055 京都市中京区堀川通二条城前
TEL:(075)231-1155　FAX:(075)231-5333
http://www.ana-hkyoto.com/　【地図G】p.204〜217

京都ロイヤルホテル＆スパ
〒604-8005 京都市中京区河原町三条上ル
TEL:(075)223-1234　FAX:(075)223-1702
http://www.ishinhotels.com/kyoto-royal/jp/　【地図F】p.217〜220

ホリデイ・イン 京都
〒606-8103 京都市左京区高野西開町36
TEL:(075)721-3131　FAX:(075)781-6178
http://www.hi-kyoto.co.jp/　【地図B】p.221〜224

ホテルモントレ京都
〒604-8161 京都市中京区烏丸通三条南
TEL:(075)251-7111　FAX:(075)251-7112
http://www.hotelmonterey.co.jp/kyoto/　【地図G】p.224〜226

ホテルマイステイズ京都四条
〒600-8494 京都市下京区四条通油小路東入ル傘鉾町52
TEL:(075)283-3939　FAX：(075)283-3940
http://www.mystays.jp/kyotoshijo/index.html　【地図G】p.227〜229

リノホテル京都
〒615-0021 京都市右京区西院三蔵町17 (阪急西院駅ヨコ)
TEL:(075)316-1200　FAX:(075)316-1201
http://www.rhino.co.jp/　【地図Ｉ】p.229〜232

ヴィアイン京都四条室町
〒604-8156 京都市中京区室町通錦小路上ル山伏山町551-2（京都芸術センター前）
TEL:(075)256-6111　FAX:(075)256-6112
http://kyoto.viainn.com/　【地図G】p.232〜234

クロス・ウェーブ梅田
〒530-0026 大阪市北区神山町1-12
TEL:(06)6312-3200　FAX:(06)6312-3111
http://www.orix.co.jp/x-wave/osaka/　【地図K】p.236〜239

【地図：広域図】p.88〜90

京都御苑
〒602-0881 京都市上京区京都御苑３ 環境省京都御苑管理事務所
TEL:(075)211-6348
http://www.env.go.jp/garden/kyotogyoen/ 【地図Ｂ】p.66、92

辰巳稲荷
京都市東山区新橋花見小路西入ル元吉町
電話なし
拝観自由、拝観料なし
【地図Ｆ】p.96

常照寺
〒603-8468 京都市北区鷹峰北鷹峰町45
TEL:(075)492-6775
拝観時間：8:30〜17:00　拝観料：300円
【地図：広域図】p.97

第三章
京都芸術センター
〒604-8156 京都市中京区室町通蛸薬師下ル山伏山町546-2
TEL:(075)213-1000　FAX:(075)213-1004
開館時間：10:00〜20:00（ギャラリー、図書館、チケット窓口など）
http://www.kac.or.jp/ 【地図Ｇ】p.118

北野天満宮
〒602-8386 京都市上京区馬喰町
TEL:(075)461-0005　FAX:(075)461-6556
拝観時間：5:30〜18:00（開・閉門）、変動あり
http://www.kitanotenmangu.or.jp/ 【地図Ｄ】p.138〜140

銀閣寺
〒606-8402 京都市左京区銀閣寺町２
TEL:(075)771-5725
拝観時間：8:30〜17:00（3〜11月）、9：00〜16:30（12月〜2月）
拝観料：大人・高校生500円／小・中学生300円
http://www.shokoku-ji.or.jp/ginkakuji/ 【地図Ａ】p.146〜147

拝観料：大人／大中高生300円（子ども無料）
【地図外】p.73〜74

神泉苑
〒604-8306 京都市中京区御池通神泉苑町東入ル
TEL:(075)821-1466
拝観時間：9:00〜20:00／無休　拝観料：なし
http://www.shinsenen.org/　【地図Ｉ】p.25、73〜75

大豊神社
〒606-8424 京都市左京区鹿ケ谷宮ノ前町１
TEL:(075)771-1351
拝観時間：特になし　拝観料：なし
【地図Ａ】p.80〜81

神明神社
〒600-8092 下京区綾小路通高倉西入ル神明町
TEL/FAX:(075)231-8386
拝観時間：特になし　拝観料：なし
【地図Ｆ】p.80

松尾大社
〒616-0024 京都市西京区嵐山宮町３
TEL:(075)871-5016
拝観時間：5:00〜18:00（開・閉門）　拝観料：なし
http://www1.neweb.ne.jp/wa/matsuo/index-1/　【地図：広域図】p.82

大報恩寺（千本釈迦堂）
〒602-8319 上京区今出川七本松上ル溝前町
TEL:(075)461-5973　FAX:(075)461-5974
拝観時間：9:00〜17:00　拝観料：大人500円など
【地図Ｄ】p.83〜86

方広寺
〒605-0931 京都市東山区大和大路通七条上ル茶屋町527-2
拝観時間：9:00〜16:00
拝観料：境内無料（本堂拝観は大人200円／中学生以下100円）
【地図Ｆ】p.13、88

新宮神社
〒606-0925 京都市左京区松ヶ崎林山34
TEL:(075)791-0191

拝観時間：9:00～16:00　拝観料：400円（境内自由、拝観は要予約）
【地図Ｆ】p.42～44

第二章

梨木神社

〒602-0844 京都市上京区染殿町寺町通広小路上ル
TEL:(075)211-0885　FAX:(075)257-2624
拝観時間：門内6:30～17:30頃（季節により変動）　拝観料：なし
http://nashinoki.jp/　【地図Ｂ】p.66

貴船神社

〒601-1112 京都市左京区鞍馬貴船町180
TEL:(075)741-2016
拝観時間：6:00～20:00（4月1日～12月14日。その他日にちによって変更あり）
拝観料：なし
http://kibune.jp/jinja/　【地図：広域図】p.67、73～74

市比賣神社

〒600-8119 京都市下京区六条通河原町西入本塩竈町593
TEL:(075)361-2775　FAX:(075)361-2776
拝観時間：9:00～17:00
http://ichihime.net/　【地図Ｆ】p.67、82

円山公園

〒605-0071 京都市東山区円山町473
TEL:(075)561-0533（東部公園管理事務所）
入園時間：終日　休園日：なし　入園料：無料
【地図E】p.35、70、71

平安神宮

〒606-8341 京都市左京区岡崎西天王町
TEL:(075)761-0221　FAX:(075)761-0225
拝観時間：6:00～18:00（夏季。その他季節によって変動あり）
拝観料：なし
http://www.heianjingu.or.jp/【地図A】p.70、71

志明院

〒603-8861 京都市北区雲ヶ畑出谷町261
TEL:(075)406-2061　FAX:(075)406-2061
拝観時間：8:00～16:30（下山時間17:00）

本書で主に紹介した店舗・寺院・ホテルリスト

知恩院
〒605-0086 京都市東山区林下町400
TEL:(075)531-2111(代)
拝観時間：9:00～16:00（16:30閉門）　拝観料：なし
http://www.chion-in.or.jp/　【地図Ｅ】p.33～35

圓徳院
〒605-0825 京都市東山区高台寺下河原町530
TEL:(075)525-0101　FAX:(075)561-2724
拝観時間：10:00～17:00
拝観料：大人500円／中高生200円
http://www.kodaiji.com/entoku-in/idx.shtml　【地図Ｆ】p.36～37

清水寺
〒605-0862 京都府京都市東山区清水1-294
TEL:(075)551-1234
拝観時間：6:00～18:30（開・閉門時間）
拝観料：大人300円／小・中学生200円
http://www.kiyomizudera.or.jp/　【地図Ｅ】p.12、37～39、51

地主神社
〒605-0862 京都市東山区清水1-317
TEL:(075)541-2097
拝観時間：9:00～17:00　拝観料：なし
http://www.jishujinja.or.jp/index.html【地図Ｅ】p.39

安井金比羅宮
〒605-0823 京都市東山区東大路松原上ル下弁天町70
TEL:(075)561-5127　FAX:(075)532-2036
拝観時間：～17:30　拝観料：なし
http://www.yasui-konpiragu.or.jp/　【地図Ｆ】p.40、78

六波羅蜜寺
〒605-0813 京都市東山区五条通大和大路上ル東
TEL:(075)561-6980
拝観時間：8:00～17:00（開・閉門）
拝観料：大人600円/大・高・中500円/小学生400円（境内自由）
http://www.rokuhara.or.jp/【地図F】p.42

六道珍皇寺
〒605-0811 京都市東山区東大路通松原西入ル北側 小松町595
TEL:(075)561-4129

⑮ 辻留
〒605-0005 京都市東山区三条大橋東入ル
TEL:(075)771-1718　FAX:(075)761-7619
定休日：不定休／要予約、出張デリバリー専門
【地図F】p.196

■本書で紹介した寺院・公共施設リスト（章ごと、登場順）

第一章
賀茂別雷神社（上賀茂神社）
〒603-8047 京都市北区上賀茂本山339
TEL:(075)781-0011　FAX:(075)702-6618
拝観時間：境内一円24時間自由、鳥居の中5:30～17:00
拝観料：なし（本殿とご神宝拝観　初穂料500円）
http://www.kamigamojinja.jp/index.html　【地図C】p.15～18、20、28

京都府立植物園
〒606-0823 京都市左京区下鴨半木町
TEL:(075)701-0141
入園時間：9:00～17:00（入園は～16:00）、休12月28日～1月4日
入園料：一般200円／高校生150円／小・中学生80円
http://www.pref.kyoto.jp/plant/　【地図C】p.19

天寧寺
〒603-8138 京都市北区寺町鞍馬口下ル天寧寺門前町301
TEL:(075)231-5627
拝観時間：7:00～17:00　拝観料：なし
【地図B、C】p.22

御霊神社（上御霊神社）
〒602-0896 京都市上京区上御霊前通烏丸東入ル上御霊竪町495
TEL:(075)441-2260　FAX:(075)441-6066
拝観時間：日の出～日没まで　拝観料：なし
【地図C】p.23～25

賀茂御祖神社（下鴨神社）
〒606-0807 京都市左京区下鴨泉川町59
TEL:(075)781-0010　FAX:(075)781-4722
拝観時間：6:00頃～18:00頃（開・閉門）　拝観料：なし
http://www.shimogamo-jinja.or.jp/　【地図B】p.27～31

59 KEZAKO（ケザコ）
〒605-0074 京都市東山区祇園町南側570-261
TEL:(075)533-6801
営業時間：12:00～15:00(L.O.13:30)、18:00～23:00(L.O.21:30)
定休日：水曜・第４火曜
【地図Ｆ】p.188～190

60 アメディオ
〒604-8223 京都市中京区新町四条上ル東側427
TEL/FAX:(075)223-3339
営業時間：17:00～0:00(フードL.O.23:00、ドリンクL.O.23:30)
定休日：火曜
http://www.bar-arpeggio.com/amedioHP/index.html 【地図Ｇ】p.190～191

61 中国饗膳　粋廉
〒604-8381 京都市中京区西ノ京職司町76
TEL:(075)822-2888
営業時間：12:00～13:30(ランチ月曜・火曜休)、18:00～20:00(最終入店)
定休日：月曜（祝日の場合営業、翌日休）
【地図Ｉ】p.192

62 アルバーチョ・チャイナ
〒600-8018 京都市下京区西木屋町通松原上ル市之町240－1 河原町アペックスビルⅡ２Ｆ
TEL/FAX:(075)361-8039
営業時間：11:00～14:00(L.O.)、18:00～23:00(L.O.)
定休日：水曜（祝日の場合営業）
http://albacio-china.com/index.html 【地図Ｆ】p.193～194

63 芙蓉園
〒600-8018 京都市下京区西木屋町仏光寺上ル
TEL:(075)351-2249
営業時間：12:00～14:00、17:30～21:00(L.O.)　定休日：火曜・水曜
【地図Ｆ】p.194

64 京都ホルモン
〒604-8017 京都市中京区木屋町通三条下ル材木町179-1
TEL/FAX:(075)211-8825
営業時間：月～土18:00～2:00(1:30L.O.)、日18:00～1:00(0:30L.O.)
定休日：なし
【地図Ｆ】p.194～195

㊷ ひご久
〒604-8125 京都市中京区錦小路通高倉東入ル中魚屋町499- 2F(錦市場内)
TEL(075)221-0288
営業時間：17:00〜22:00　定休日：日曜
【地図G】p.179〜180

㊸ 祇園　松田屋
〒605-0074 京都市東山区祇園町南側570-123
TEL:(075)561-3338
営業時間:18:00〜21:30(最終入店)　定休日:月曜(祝前日は営業) 完全予約制
【地図G、F】p.181

㊹ 点邑
〒604-8076 京都市中京区御幸町通三条下ル海老屋町324-1
TEL:(075)212-7778
営業時間：11:30〜14:00、17:00〜21:00　定休日：火曜
【地図F】p.181〜182

㊺ 北山コロン
〒603-8054 京都市北区上賀茂桜井町77 ノースウェーブ北山1F
TEL:(075)703-0694
営業時間：18:00〜23:30(L.O.23:00)　定休日：水曜
http://www.tpo-company.com/colon/　【地図C】p.184

㊻ 串かつこぱん
〒604-8017 京都市中京区木屋町通三条下ル材木町180-1 1F
TEL:(075)223-5678
営業時間：17:30〜22:00(最終入店)　定休日：なし（不定休あり）
http://www.safari-inc.com/shop/copain/index.html
【地図F】p.185

㊼ 串あげ　あだち
〒603-8162 京都市北区小山東大野町39 足立ビル1F
TEL:(075)411-1100
営業時間：17:00〜23:00(22:00L.O.)　定休日：木曜（年末年始休）
【地図C】p.185〜186

㊽ 宮川町　さか
〒605-0801 京都市東山区宮川筋四条下ル宮川筋四丁目319-1-5
TEL:(075)531-1230
営業時間：18:00〜25:00(L.O.24:00)　定休日：日曜
http://www.miyagawacho-saka.com/　【地図F】p.186〜188

営業時間：17:00〜24:00(L.O.23:30)　定休日：日曜
【地図G】p.171

㊻ 浜作
〒605-0825 京都市東山区祇園八坂鳥居前下ル下河原町498
TEL:(075)561-0330(or 1693)　FAX:(075)561-8007
営業時間：11:30〜15:00(L.O.14:30)、17:00〜21:00(L.O.)
定休日：水曜
http://www.hamasaku.com/　【地図F】p.172

㊼ 瓢正
〒604-8024 京都市中京区西木屋町通四条上ル三筋目
TEL:(075)221-4424
営業時間：12:00〜14:00(L.O.)、17:30〜21:00(L.O.)
定休日：火曜
http://www.h7.dion.ne.jp/~hyomasa/　【地図F】p.173〜175

㊽ 森嘉
〒616-8447 京都市右京区嵯峨釈迦堂藤ノ木町42
TEL:(075)872-3955
営業時間：8:00〜18:00
定休日：水曜／月１回火曜（祝日の場合は翌日振替）
【地図Ｊ】p.175

㊾ 湯葉半
〒604-0943 京都市中京区麩屋町通御池上ル
TEL:(075)221-5622
営業時間：8:00〜18:00　定休日：木曜
【地図F】p.175

㊿ 先斗町ますだ
〒604-8012 京都市中京区先斗町通四条上ル
TEL:(075)221-6816
営業時間：17:00〜22:00（20:30最終入店）定休日：日曜
【地図F】p.176

51 釜めし月村
〒600-8019 京都市下京区船頭町
TEL:(075)351-5306
営業時間：17:00〜21:00　定休日：月曜・月１回ほど火曜
【地図F】p.177〜179

㊴ 三嶋亭　本店
〒604-8035 京都市中京区寺町三条下ル桜之町405
TEL:(075)221-0003
営業時間：11:30〜21:00(L.O.)、肉販売は9:00〜19:45　定休日：水曜（不定休）
http://www.mishima-tei.co.jp/index.html　【地図Ｆ】p.156

第四章
㊵ 割烹はらだ
〒604-0907 京都市中京区河原町通竹屋町上ル西側大文字町239
TEL:(075)213-5890
営業時間：17:00〜23:00　定休日：月曜
【地図Ｂ、Ｆ】p.166〜170

㊶ 一神堂
〒604-0907 京都市中京区河原町通竹屋町上ル大文字町234
TEL:(075)256-0900
営業時間：17:30〜1:30頃（売り切れ次第）　定休日：水曜
http://www.tonryu.net/isshin.html　【地図Ｂ、Ｆ】p.170

㊷ まんざら本店
〒604-0903 京都市中京区河原町通夷川上ル指物町321
TEL:(075)253-1558
営業時間：17:00〜23:30(L.O.)　定休日：なし
http://www.manzara.co.jp/honten/index.html　【地図Ｂ、Ｆ】p.170

㊸ まんざら亭NISHIKI
〒604-8155 京都市中京区錦小路通烏丸西入ル占出山町317
TEL:(075)257-5748　FAX:(075)257-5749
営業時間：17:00〜23:30(L.O.)　定休日：なし
http://www.manzara.co.jp/nishiki/index.html　【地図Ｇ】p.170

㊹ がぶ飲みワイン洋彩WARAKU
〒604-0091 京都市中京区丸太町西洞院東入ル梅屋町171 カマンザビル2F
TEL/FAX:(075)222-1256
営業時間：11:30〜14:00(L.O.)、17:30〜23:30(L.O.)
定休日：なし（日祝ランチ休業）
【地図Ｇ】p.171

㊺ 炭焼　丸釜
〒604-0091 京都市中京区丸太町通釜座南東角 井川ビル1F
TEL/FAX:(075)212-7559

㉜ 草喰なかひがし
〒606-8406 京都市左京区浄土寺石橋町32-3
TEL:(075)752-3500（完全予約制）
営業時間：12:00〜14:00(L.O.)、18:00〜21:00(L.O.)　定休日：月曜
【地図A】p.147〜148

㉝ ノアノア
〒606-8406 京都市左京区浄土寺石橋町37
TEL/FAX:(075)771-4010
営業時間：11:00〜21:00(L.O.)　定休日：なし（不定休あり）
http://www.kansetsu.or.jp/noanoa/　【地図A】p.148

㉞ お食事処　白川大銀
〒606-8275 京都市左京区北白川上別当町4
TEL:(075)711-2625
営業時間：11:00〜15:00、17:00〜21:00　定休日：日曜
【地図A】p.149〜150

㉟ 大銀食堂
〒606-8411 京都市左京区浄土寺東田町60
TEL:(075)771-0692
営業時間：11:00〜20:45　定休日：水曜
【地図A】p.149

㊱ 冨美家
〒604-8125 京都市中京区錦小路通堺町西入ル中魚屋町493
TEL:(075)222-0006　FAX:(075)221-0424
営業時間：9:00〜18:00（販売）、11:00〜16:30L.O.（食事）定休日：なし（無休）
http://www.kyoto-nishiki.or.jp/shop/fumiya/fumiya.htm　【地図G、F】p.153〜154

㊲ 煌庵
〒604-8146 京都市中京区烏丸通蛸薬師東入ル一蓮社町298-2
TEL:(075)213-1564
営業時間：11:30〜13:45(L.O.)、17:30〜21:45(L.O.)　定休日：月曜
http://kyoto-kouan.jp/　【地図G】p.154

㊳ 三嶋亭　大丸京都店
〒600-8007 京都市下京区四条通高倉西入ル立売西町79 大丸京都店B1F
TEL:(075)211-8111（大丸代表）
営業時間：10:00〜19:30(L.O.)　定休日：大丸定休日に準ずる
http://www.mishima-tei.co.jp/index.html　【地図G、F】p.155〜156

営業時間：11:30〜21:00　定休日：木曜
【地図F】p.126〜132

㉖ 大黒屋（本店）
〒604-8022 京都市中京区木屋町蛸薬師西入ル南車屋町281
TEL:(075)221-2818
営業時間：11:30〜21:00　定休日：火曜
http://www.daikoku-ya.jp/store_head.html　【地図F】p.133〜134

㉗ 松葉
〒605-0076 京都市東山区川端町192 南座西隣
TEL:(075)561-1451
営業時間：11:00〜21:20(L.O.)　定休日：水曜（祝日の場合は営業）
http://www.sobamatsuba.co.jp/　【地図F】p.133

㉘ 喫茶グリーン
〒604-8022 京都市中京区西木屋町通蛸薬師角
TEL:(075)255-0338
営業時間：12:00〜23:30　定休日：不定休
【地図F】p.134〜136

㉙ 上七軒　ふた葉
〒602-8381 京都市上京区今出川通七本松西入ル真盛町719
TEL:(075)461-4573　FAX:(075)461-7969
営業時間：11:00〜19:30　定休日：水曜
http://www.futaba-kami7ken.com/　【地図D】p.140

㉚ とようけ茶屋
〒602-8384 京都市上京区今出川通御前西入ル紙屋川町822
TEL:(075)462-3662
営業時間：飲食11:00〜15:00／売店 9:00〜18:30
定休日：木曜（25日営業／月1回不定休）
http://www.toyoukeya.co.jp/shiten.htm　【地図D】p.141〜143

㉛ 茶ろん上七軒
〒602-8381 京都市上京区今出川通七本松西入ル真盛町742（上七軒歌舞練場内）
TEL:(075)461-0148
営業時間：10:00〜16:00　定休日：水曜／ビアガーデン開催期間は休業
【地図D】p.143〜145

⑲ 萬福
〒600-8491 京都市下京区鶏鉾町474
TEL:(075)221-4712
営業時間：11:00頃〜24:00頃　定休日：日曜・祭日
【地図G】p.116

⑳ 亜樹
〒600-8492 京都市下京区四条通室町西入ル
TEL:(075)231-8957
営業時間：12:00〜14:00(L.O.)、18:30〜20:45(L.O.)　定休日：日曜・祝日
【地図G】p.116〜117

㉑ 前田珈琲明倫店
〒604-8156 京都市中京区室町通蛸薬師下ル山伏山町546-2京都芸術センター内１F
TEL:(075)221-2224
営業時間：10:00〜21:30　定休日：なし（年末年始休）
http://www.maedacoffee.com/tenpo/meirin.html　【地図G】p.118〜119

㉒ 富久屋
〒605-0801 京都市東山区宮川筋5-341
TEL:(075)561-2980
営業時間：12:00〜22:00　定休日：木曜
【地図F】p.120〜122

㉓ 江戸正
〒600-8070 京都市下京区堺町通五条上ル俵屋町
TEL/FAX:(075)351-9371
営業時間：11:30〜14:00、17:00〜20:00　定休日：火曜／不定休あり
http://nttbj.itp.ne.jp/0753519371/index.html?Media_cate=populer&svc=1303
【地図F】p.122〜125

㉔ 花遊小路 江戸川
〒604-8042 京都市中京区新京極四条上ル花遊小路
TEL:(075)221-1550　FAX:(075)211-5064
営業時間：11:00〜21:00　定休日：なし（無休）
http://www.yagenbori.co.jp/tenpo/edogawa/index.html
【地図F】p.125〜126

㉕ インデアン（2009年7月より長期休業中）
〒604-8032 京都市中京区西木屋町六角角山崎町236-6

定休日：第1・3火曜休（祝日は営業)、4〜5・10〜11月は無休
【地図Ｆ】p.93

⑬ **遊形サロン・ド・テ**
〒604－8094 中京区姉小路通麩屋町東入ル北側
TEL:(075)212-8883
営業時間：11:00〜18:30(L.O.)　定休日：火曜
【地図Ｆ】p.93〜94

⑭ **京極スタンド**
〒604-8042京都市中京区新京極通四条上ル中之町546
TEL:(075)221-4156　FAX:(075)221-5878
営業時間：12:00〜20:30(L.O.)　定休日：火曜
http://sutando.aa0.netvolante.jp/　【地図Ｆ】p.94

第三章
⑮ **鮨まつもと**
〒605-0074 京都市東山区祇園町南側570-123
TEL:(075)531-2031
営業時間：17:30〜21:30(L.O.)　定休日：なし（不定休あり）
【地図Ｆ】p.106

⑯ **本家尾張屋**
〒604-0841 京都市中京区車屋町通二条下ル322
TEL:(075)231-3446　FAX:(075)221-6081
営業時間：11:00〜19:00(L.O.18:30)　定休日：無休（正月1、2日は休み）
【地図Ｇ】p.23、107、133

⑰ **新福菜館本店**
〒600-8213 京都市下京区東塩小路向畑町569
TEL:(075)371-7648
営業時間：7:30〜22:00　定休日：水曜
http://www.shinpuku.net/　【地図Ｈ】p.111〜112

⑱ **めん房やまもと**
〒604-8222 京都市中京区新町通四条上ル東入ル観音堂町
TEL:(075)255-0856
営業時間：平日 11:00〜20:00、土曜 11:00〜14:00
定休日：日曜・祝日、第２・３土曜
http://menbo-yamamoto.hp.infoseek.co.jp/　【地図Ｇ】p.113〜115

⑥ 加茂みたらし茶屋
〒606-0802 京都市左京区下鴨宮崎町17
TEL:(075)781-1460
営業時間：9:30〜20:00（19:30L.O.）　定休日：水曜・祝日
【地図Ｂ】p.30

⑦ 幽霊子育て飴本舗みなとや
〒605-0813 京都市東山区松原通大和大路東入ル轆轤町80-1
TEL:(075)561-0321
営業時間：9:30〜16:30　定休日：月曜（不定休あり）
【地図Ｆ】p.44

⑧ 紅ゆき
〒605-0811 京都市東山区大和大路通四条下ル４丁目小松町572
TEL：(075)541-1311
喫茶11:00〜17:00／ラウンジ19:00〜24:00　定休日：月曜
【地図Ｆ】p.45〜46

⑨ Rim
〒605-0831 京都市東山区大黒町通松原下ル2丁目山城町284-北1
TEL/FAX:(075)551-8262
営業時間：土曜・日曜13:00〜18:00
http://www.rim-works.com/　【地図Ｆ】p.48

⑩ 裏具
〒605-0801 京都市東山区宮川筋4丁目297
TEL:(075)551-1357
営業時間：12:00〜18:00　定休日：月曜（祝日の場合翌日）
http://www.uragu.com/index.html　【地図Ｆ】p.48

⑪ 開化堂
〒600-8127 京都市下京区河原町六条東入ル
TEL:(075)351-5788　FAX:(075)351-5801
営業時間：9:00〜18:00　定休日：日曜・祝日
http://www.kaikado.jp/　【地図Ｆ】p.51

第二章
⑫ ギャラリー遊形
〒604-8092 京都市中京区姉小路通麩屋町東入ル
TEL:(075)257-6880
営業時間：10:00〜19:00

本書で主に紹介した店舗・寺院・ホテルリスト

※掲載している情報は2009年８月現在のものです。お店の営業時間、寺院の拝観時間・拝観料等は変動する可能性がありますので、ご旅行の前には、お問い合わせいただくことをおすすめします。
※ページ数は本文中掲載ページです。
※ 地図はp.258〜p.269に、地域別で掲載しています。

■本書に登場する主な店舗リスト（章ごと、登場順）

第一章

① 神馬堂
〒603-8065 京都市北区上賀茂御薗口町4
TEL:(075)781-1377
営業時間：7:00頃〜売り切れまで　定休日：水曜
【地図Ｃ】p.17

② 御すぐき處なり田
〒603-8076 京都市北区上賀茂山本町35
TEL:(075)721-1567　FAX:(075)781-5956
営業時間：10:00〜18:00　定休日：1月1日（不定休あり）
http://www.suguki-narita.com/　【地図Ｃ】p.17

③ 水田玉雲堂
〒602-0895 京都市上京区上御霊前町394
TEL:(075)441-2605
営業時間：9:00〜18:00　定休日：日曜・祭日
http://gyokuundo.com/　【地図Ｃ】p.25〜26

④ 淡海
〒602-0898 京都市上京区烏丸通寺之内上ル東入ル相国寺門前670-10
TEL:(075)211-0617
営業時間：11:00頃〜21:00頃(20:00L.O.)　定休日：火曜
【地図Ｂ、Ｃ】p.26

⑤ 大黒屋鎌餅本舗
〒602-0803 京都市上京区寺町通今出川上ル4丁目阿弥陀寺前町25
TEL:(075)231-1495
営業時間：8:30〜20:00　定休日：第一、第三水曜
【地図Ｂ、Ｃ】p.27

柏井壽（かしわいひさし）

1952年京都府生まれ。'76年大阪歯科大学卒業後、京都市北区にて歯科医院を開業。生粋の京都人であることから京都関連の、さらには生来の旅好きから、旅紀行のエッセイを執筆。テレビ朝日系の旅番組「旅の香り」の監修も担当する。著書に『極みの京都』『食い道楽ひとり旅』『「極み」のひとり旅』（以上、光文社新書)、『草を餐む——京都「なかひがし」の四季』『京都の値段』（共著、プレジデント社)、『Discover Japan 1 日本の魅力、再発見』（監修、エイムック）など多数。2008年より、柏木圭一郎名義で、「名探偵・星井裕の事件簿」シリーズを執筆。『京都嵐山 桜紋様の殺人』(光文社文庫)、『京都祇園舞妓 追想の殺人』（小学館文庫）など。

おひとり京都《きょうと》の愉《たの》しみ

2009年9月20日初版1刷発行
2009年10月20日　3刷発行

著　者 —— 柏井壽
発行者 —— 古谷俊勝
装　幀 —— アラン・チャン
印刷所 —— 堀内印刷
製本所 —— 関川製本
発行所 —— 株式会社光文社
東京都文京区音羽1-16-6(〒112-8011)
http://www.kobunsha.com/
電　話 —— 編集部03(5395)8289 書籍販売部03(5395)8113
業務部03(5395)8125
メール —— sinsyo@kobunsha.com

ISBN 978-4-334-03526-6

光文社新書

168 京都料亭の味わい方　村田吉弘

「料亭は本来飯屋であり、敷居の高いところではありません。普通の人が、ちょっと贅沢しよか、という時に行ける場所です」――京都「菊乃井」の主人が語る、料亭の魅力のすべて。

174 京都名庭を歩く　宮元健次

日本一の観光地・京都でとりわけ見所の多い珠玉の庭園群。最新の研究成果を盛り込みながら、世界遺産を含む27名庭を新たな庭園観で描く。庭園リスト・詳細データ付き。

220 京都　格別な寺　宮元健次

世界有数の文化財の宝庫・京都。四季折々のさまざまな表情を見せる千年の都で、時を超え、やすらぎを与える、至高の寺院たちの歴史ドラマを歩く。

224 仏像は語る　何のために作られたのか　宮元健次

仏像には、「煩悩」を抱えた人間の壮絶なドラマが込められている。迷い、悩み、苦しみ、弱み、祈り……。共に泣き、共に呻く「魂の叫び」に耳をすます。

251 神社の系譜　なぜそこにあるのか　宮元健次

「八百万の神」と言い表されるように、日本には多様な神が祀られている。神社とは何だろうか。伊勢から出雲、靖国まで、「自然暦」という新視点から神々の系譜について考える。

276 極みの京都　柏井壽

京都人はアメリカが嫌い⁉　京都の「ぶぶ漬け神話」は真っ赤なウソ⁉――ガイドブックにも京都検定にも絶対出てこない本当の京都の姿を、食・観光・京都人の心に焦点を当てて描く。

405 京都の空間意匠　12のキーワードで体感する　清水泰博

京都で生まれ育ち、環境との調和を探る建築家が、「見立てる」「巡る」「組む」「間をとる」「光と闇」など、12のキーワードから古都の魅力を新たに探る。五感で愉しむ散策ガイド。